위대한 스포츠맨, 위험한 스트롱맨
도널드 트럼프

위대한 스포츠맨, 위험한 스트롱맨

도널드 트럼프

한성윤(KBS 스포츠 기자) 지음

쎄네스트

Welcome to the Trump World

2024년 12월 3일, 대한민국의 20대 대통령이던 사람이 갑작스런 계엄령을 선포했다. 시민들의 저항과 의회의 발 빠른 대응으로 계엄령을 해제할 수밖에 없었지만, 국민들은 더 이상 그를 대통령으로 인정하지 않았다. 외교 신뢰도가 급격하게 추락했으며, 경제 역시 IMF 위기 상황을 떠올릴 정도로 불안한 상황에 놓여있다.

민주화를 기반으로 다진 경제 성장 속에, 한국적인 문화가 어우러져 세계적으로 한류가 확산하면서, 국격이 최정점을 향하던 상황에서 나온 계엄이기에 더 충격적이다. 형식상 대한민국의 수장이 국민들의 마음속에서 사라진 가운데, 2025년 1월 도널드 트럼프가 미국 대통령으로 취임한다. 잘 알려진 것처럼 트럼프 취임 이후 국방비와 무역 적자가 늘어날 가능성이 높으며 환율 문제를 비롯해 대한민국은 사상 초유의 위기를 겪을 가능성이 높다.

대한민국의 위기 속에서 맞을 트럼프 2.0 시대는 아무도 경험하지 못한 일이 벌어질 수 있다는 불안감이 고조되고 있다. 트럼프는 2024년 12월 8일 프랑스 파리의 노트르담 성당 재개관 기념식 행사에 앞서 엘리제궁에서 프랑스의 마크롱 대통령을 만나 "지금 세상이 조금 미쳐가는 것 같다."라고 말했다. 우크라이나 전쟁과 시리아 내전 등 복잡한 국제 정세를 두고 한 발언이겠지만, 21세기 문화 강국 대한민국에서 나온 계엄령까지도 염두에 두었을 가능성도 충분하다.

트럼프는 마크롱 대통령을 만날 때 상대의 손을 꽉 움켜지고 비트는 포즈를 취하는 특유의 '팔씨름 악수 기 싸움'을 선보였다. 트럼프는 첫 재임 기간에도 마크롱 대통령과 만나 9초간 팔씨름하듯 악수를 나누는 등 다른 나라 정상들을 상대로 비슷한 모습을 연출한 바 있다. 이런 모습은 마치 종합격투기(MMA) 선수들이 경기를 앞두고 상대와 신경전을 벌이는 모습을 연상케 한다. 트럼프의 지지자들은 악수로 다시 세계 정상들을 지배하고 있다며 환호했다.

이처럼 기존의 정치 문법으로는 설명하기 힘든 트럼프의 시간이 다가오고 있지만, 대한민국에는 트럼프를 상대할 수장이 존재하지 않는다. 트럼프 시대를 준비해야 한다는 목소리는 높지만, 아무도 그 해답을 알지 못한다. 트럼프의 행동은 예상하기 어렵고, 그 행동이 어떤 결과로 이어질지 더욱 알 수 없다.

미국 대선을 3주 앞둔 2024년 10월, 유세 도중 트럼프가 뜬금없이 춤을 추는 장면은 미국만이 아니라 국내에서도 큰 화제를 모았다. 어색한 동작에 관한 관심은 '왜 40분이나 같은 동작을 반복하느냐.'는 의심으로 바뀌었고, 결국 트럼프의 건강에 분명 문제가 있는 것이라는 확신을 갖게 만들기에 충분했다. "트럼프 춤추는 거 봤어?"라는 말을 직장과 가정, 동창회를 비롯해 여러 곳에서 들었고, '트럼프 댄스' 이야기를 꺼낸 사람만이 아니라 대화에 참여한 사람들 대부분은 트럼프에게 정신적인 문제가 있으며, 어쩌면 이 댄스 하나로 미국 대선의 판도가 바뀔 수도 있다는 추측이 이어졌다.

대통령 선거를 앞둔 상황에서 트럼프의 갑작스러운 춤으로 인한 건강 논란은 트럼프에겐 분명 악재였지만, 위기를 딛고 대통령에 당선된 이후, '트럼프 댄스'는 놀랍게도 트럼프를 상징하는 동작으로 여겨지게 되었다. 그 발단은 스포츠였다. 트럼프를 지지하는 미식축구 선수의 세리머니에서 시작해, UFC와 미국 국가대표 축구팀 공격수까지 트럼프 세리머니에 동참했다. 이런 스포츠 세리머니는 소셜 미디어를 통해 문화적인 현상인 밈(meme)으로 확산하며 스포츠만이 아닌 젊은 층에서 유행하는, 이른바 핫(Hot)한 아이템으로 떠올랐다.

트럼프의 인생은 스포츠와 깊은 인연을 맺어 왔다. 오랜 기간 다져온 스포츠의 경험은 그의 인격 형성에 큰 영향을 미쳤으며, 평범하게 스포츠를 즐기는 모습에서 그의 진짜 성격을 엿볼 수 있다.

트럼프는 고등학교와 대학 시절 야구와 풋볼, 농구를 두루 경험했다. 미국의 대통령 가운데 스포츠를 사랑하는 이들이 꽤 존재했지만, 트럼프처럼 뛰어난 야구 실력을 갖춘 사람은 드물다. 고교 시절 야구부 주장으로 활약한 트럼프는 메이저구단의 스카우트 제의를 받았다고 주장할 정도로 뛰어난 모습을 보였다. 과장 섞인 표현이지만, 만일 트럼프가 메이저리그 선수가 되었다면 미국의 역사가, 아니 세계의 역사가 달라졌을 수도 있을 것이다.

그는 지금은 구세대의 스포츠 열성팬들만 어렴풋이 기억하는 USFL의 핵심 구성원이기도 했다. 미국 최고 인기 스포츠로 군림하는 미국프로풋볼리그 NFL에 대항해, 1980년대 탄생한 미식축구리그가 바로 USFL이다. 트럼프는 USFL 산하 구단의 구단주 자격으

로 NFL에 맞서는 새로운 리그를 꿈꾸는 강경론자였다. 수십 년의
역사와 전통을 가진 NFL에 도전한 트럼프는 USFL에서 처절한 실
패를 경험했다. 어쩌면 NFL과의 싸움에서 겪은 트럼프의 경험이
주류 문화에 저항하는 트럼프의 반골 기질로 이어졌을 수도 있다.

　미식축구에서 실패한 뒤에도 트럼프는 그가 보유한 리조트 시설
을 활용해 다양한 스포츠와 인연을 이어갔다. 마이크 타이슨 경기
를 비롯해 주요 복싱 경기를 개최했으며, 국내에는 잘 알려지지 않
았지만, 프랑스의 사이클 대회 '뚜르 드 프랑스'를 참고해 '뚜르 드
트럼프'라는 대회를 2년 동안 직접 운영한 적도 있었다. 골인 지점
에서 관중들의 열렬한 환영을 받는 다른 사이클 대회와는 달리, '뚜
르 드 트럼프'의 골인 지점에는 억만장자이자 부동산 재벌인 트럼
프를 비판하는 문구를 든 사람들이 대거 모여들었다. 트럼프에 대
한 노골적인 반감이 집단으로 처음 표출된 무대가 바로 '뚜르 드 트
럼프' 대회였으니 트럼프는 스포츠 대회를 통해 수십 년 먼저 정치
인의 경험을 하게 된 셈이다.

　사실 트럼프가 가장 사랑하는 스포츠는 바로 골프다. 트럼프는
수많은 골프장을 보유한 골프 재벌이며 골프를 통해 유명 인사들
과 교류해 왔다. 트럼프의 골프 매너에 대한 비판이 많지만, 그래도
언제나 골프를 같이 치고 싶은 사람에 꼽힐 정도로, 트럼프에게 골

프는 인생 스포츠라고 할 수 있다. 또한 2000년대 초반 유명무실한 종합격투기 단체였던 UFC는 트럼프의 지원 속에 지금 세계 격투기 시장을 장악하게 되었다. 경기를 치를 장소를 찾지 못해 전전긍긍하던 UFC는 트럼프 리조트를 활용해 겨우 대회를 열었는데, 대통령 당선 이후 가장 먼저 공식 석상에 등장한 곳이 UFC 경기장일 정도로 트럼프와 UFC는 깊은 관계를 유지해 왔다.

UFC뿐 아니라 프로레슬링과도 영혼의 동반자라고 하기에 충분하다. 트럼프는 직접 프로레슬링 경기에 출전해 멋진 태클 실력을 보여준 적이 있으며, 직접 패자의 머리를 깎는 퍼포먼스까지 선보이면서 강렬한 모습을 남겼다. 트럼프에 대한 감사의 의미로 프로레슬링계는 트럼프의 이름을 프로레슬링 명예의 전당에 올렸다. 트럼프는 대통령 재선 이후 프로레슬링 단체인 월드레슬링엔터테인먼트(WWE) 회장의 부인을 교육부 장관으로 지명했다. 이처럼 스포츠와 깊은 관계를 맺고 있는 트럼프지만 미국의 4대 프로스포츠와는 매우 불편한 관계가 계속되고 있다.

메이저리그 시구는 미국 대통령이 전통적으로 참여하는 행사지만 트럼프는 첫 번째 임기 동안 한 번도 시구를 하지 않았다. 미국 전역에서 높은 인기를 자랑해 '3월의 광란'으로 불리는 대학 농구조 추첨에도 역시 불참했다. 프로스포츠 우승팀을 초청해 백악관에서 만찬을 갖는 것은 미국의 전통이었지만, 농구와 풋볼, 야구 선수들의 거부와 트럼프의 반감이 겹치면서 원만하게 열리지 못했다. 트럼프 1기 재임 기간에 미국프로농구(NBA) 우승팀은 한 번도 백악관을 찾지 않았다. 인종 차별과 폭력에 반대하면서 'Black Lives Matter(흑인의 생명도 소중하다)' 운동이 사회적인 이슈로 떠오르면서 프로스포츠의 흑인 선수들은 경기 전 미국 국가가 나올 때 무릎을 꿇고 항의를 했는데, 트럼프는 이들에게 국가관이 없는 자들이라며 당장 쫓아내야 한다며 원색적인 비난을 하기도 했다.

이렇게 프로스포츠와 갈등을 빚었던 트럼프가 백악관에 복귀하게 되면서 스포츠와 미국 사회에 지각 변동이 예상된다. 그런데 트럼프가 미국을 이끄는 향후 4년 동안 지구촌 최대의 스포츠 이벤트가 바로 미국에서 펼쳐진다. 2026년 북중미 월드컵과 2028년 LA 올림픽이 연이어 열리는데, 월드컵과 올림픽은 대규모의 인적 교류를 피할 수 없다. 멕시코 이민자에 대한 반대 의사를 강하게 나타내는 트럼프가 과연 미국, 캐나다, 멕시코가 공동 개최하는 월드컵에서 어떤 모습을 보여줄 것인지, 그리고 트럼프에게 '적대적인' 도시 LA에서 진행되는 올림픽에서는 트럼프가 어떤 모습을 보여줄 것인지가 무척 흥미롭다.

또한 푸틴과의 관계를 고려할 때 러시아-우크라이나 전쟁이 종료될 가능성이 높으며 러시아가 올림픽 무대에 복귀하게 될 가능성도 높다. 그 대회는 바로 LA 올림픽이 될 가능성이 높은 가운데, LA 올림픽은 '미국을 다시 위대하게'의 스포츠 버전인 '미국 스포츠를 다시 위대하게'의 무대가 될 전망이다. 유세 기간 맥도날드에서 일하는 모습으로 친숙한 이미지를 만들며 상대와 차별화를 꾀한 트럼프는 스포츠를 또 다른 이미지를 만드는 무대로 활용하게 될 가능성이 높다.

트럼프는 2기 행정부를 오로지 충성스러운 관료들로 채워 가고 있는데, 이는 권위적인 감독을 연상케 한다. 쓴소리를 하는 사람이 없는 코치진으로 구성된 '트럼프 호'는 과연 순항할 수 있을 것인가? 국내에서는 국방비 증가와 관세 부과 및 고환율 등의 문제로 트럼프 2기에 대한 우려가 높지만, 일부에서는 북미 대화 재개와 북미 수교, 트럼프의 노벨 평화상 수상을 전망하는 정치권 인사도 있을 정도로 트럼프에 대한 전망은 양극단을 달리고 있다.

트럼프는 2024년 대통령 선거 기간에 과거 김정은에게 '같이 뉴욕 양키스의 야구 경기나 보러 가자.'는 제안을 했다고 밝힌 바 있다. 대통령 당선 이후 김정은과의 직접 만남을 추진한다는 외신 보도까지 나왔다. 2017년 극단적인 언어로 서로를 비난한 뒤, 언제 그랬냐는 듯이 3번이나 만난 트럼프와 김정은은 서로 통하는 부분이 많다. 둘의 깜짝 만남이 성사된다면 같이 야구를 보는 장소는 뉴욕이 아니라 도쿄 또는 동아시아 지역이 될 가능성이 높다. 트럼프와 김정은의 야구 관람에 메이저리그 최고 스타인 오타니가 얽혀 있는 상상은 그저 상상일 뿐이지만, 과거 미국과 중국의 '핑퐁외교'를 뛰어넘는 역사적인 장면이 될 것이다.

이 책은 29년간의 스포츠 기자 경험을 바탕으로, 미국 대통령이자, 대표적인 스트롱맨이며 논란 많은 인물인 트럼프의 이야기를 스포츠에 관련된 여러 사례를 통해 이해하기 쉽게 풀어냈다. 스포츠는 사회를 비추는 거울이며, 그 사회의 문화는 스포츠를 통해 드러난다. 트럼프와 스포츠에 관한 이야기 역시 마찬가지이다. 2025년 1월부터 시작되는 4년은 트럼프 대통령의 마지막 임기이다. 미국에선 학창 시절 졸업 파티에서 사랑을 확인할 춤을 제안하는 문화가 있는데, 이를 '라스트 댄스'라고 부른다.

넷플릭스의 스포츠 다큐멘터리 『마이클 조던: 더 라스트 댄스』가 히트하면서 우리나라에서도 라스트 댄스라는 표현은 주로 스포츠 스타의 마지막을 이야기하는 대명사로 떠올랐다. 실제 마이클 조던의 라스트 댄스는 위대했다. 메시의 라스트 댄스 역시 감동적이었다. 트럼프가 펼칠 라스트 댄스는 어떤 모습일까?

트럼프는 전반전 이후 오랜 휴식을 가진 뒤, 이제 후반전에 들어간다. 90분 종료 휘슬이 울릴 때까지 트럼프가 펼칠 드라마를 지켜 보자. 요기 베라의 대표적인 명언처럼 '끝날 때까지는 끝난 게 아니 다.' 위기의 대한민국호 역시 마찬가지이다. 한 번도 경험하지 못 한 위기를 맞고 있지만, 언제나 그랬듯이 위대한 대한민국 국민들 은 정치인의 실패를 딛고, 다시 한번 일어설 것이다. 그리고 '대한 민국'과 '오! 필승 코리아'를 외치게 될 것이다.

목차

PART

01

Troubles

갈등

Troubles (갈등)

트럼프가 초등학교 시절 야구를 주제로 쓴 시를 보면 지금의 트럼프와는 전혀 다른 감수성이 느껴진다. 어린 시절부터 야구를 비롯해 다양한 스포츠를 경험한 대표적인 스포츠맨이지만, 트럼프는 미국 프로스포츠계와 갈등을 빚어왔다. 스포츠를 사랑하는 대통령이 왜 스포츠계와 적대적인 관계를 유지할까?

위대한 스포츠맨, 위험한 스트롱맨

쿠바의 지도자 피델 카스트로가 메이저리그에 진출했다면 쿠바 혁명은 일어나지 않았을지 모른다는 가설이 존재한다. 실제 아바나 대학의 투수로 활약했던 카스트로는 메이저리그 입단 테스트를 받은 적이 있으며, 입단 테스트에서 나중에 명예의 전당에 헌액되는 강타자 행크 그린버그를 삼진으로 잡았다는 일화도 전해진다. 야구를 잘하긴 했지만, 메이저리그에 입단하기에는 실력이 부족했다는 견해도 있고, 법학 공부를 계속하기 위해 스스로 포기했다는 설도 전해지는데, 어쨌든 쿠바 혁명으로 세계 역사를 바꾼 카스트로와 야구에 얽힌 사연은 매우 흥미로운 이야기다.

미국의 45대, 47대 대통령인 도널드 트럼프 역시 고등학교 시절 야구를 꽤 잘했다고 주장한다. 실제로 주장을 역임하기도 했다. 고교 시절 트럼프를 지도했던 코치는 트럼프가 메이저리그에서 뛸 실력을 갖추고 있었으며, 메이저리그 구단의 입단 테스트를 받았다고 밝혔다. 그는 필라델피아 필리스와 보스턴 레드삭스에서 트럼프에게 관심을 보인 적도 있다면서 구체적인 구단 이름까지 소개했다.

만일 트럼프가 야구 선수가 되었다면 세계 역사가 지금과는 다르게 흘러갔을지도 모를 일이다. 카스트로와 트럼프에 관련된 야구 이야기가 사실이라면, 이들은 야구를 잃은 대신 국가 최고 지도자 자리를 얻은 셈이다.

어쨌든 트럼프가 어린 시절부터 스포츠를 사랑한 '스포츠맨'이었던 것은 분명하다. 트럼프는 뉴욕 퀸즈의 부유하고 엄격한 가정에서 5남매 가운데 넷째로 자랐다. '인생은 경쟁'이라는 아버지의 지론에 영향을 받아 트럼프는 어린 시절부터 삶에서는 승자와 패자가 있다고 생각했다. 《워싱턴 포스트》에는 트럼프가 초등학교 졸업앨범에 쓴 시가 소개된 적이 있다. 주제는 바로 야구였다.

나는 타격하는 것과 수비수가 미트로 공 잡는 걸 보는 것을 좋아합니다.

I like to see a baseball hit and the fielder catch it in his mitt…

나는 관중들이 환호하는 걸 듣기를 좋아하는데, 내 귀에는 크고 시끄럽습니다.

I like to hear the crowd give cheers, so loud and noisy to my ears.

점수가 5대 5 동점일 때 나는 울고 싶어집니다. 그리고 그들이 한 점을 추가할 때, 나는 죽고 싶어집니다.

When the score is 5-5, I feel like I could cry. And when

they get another run, I feel like I could die.

그리고 포수가 실책을 합니다. 요기 베라처럼 말이죠.

Then the catcher makes an error, not a bit like Yogi Berra.

게임이 끝나고 내일은 내일의 태양이 떠오를 것이라고 말합니다.

The game is over and we say tomorrow is another day.

지금의 트럼프와는 뭔가 어울리지 않는 듯한 야구에 푹 빠진, 감수성이 풍부한 소년의 글임을 느낄 수 있다. 그러던 트럼프는 13살 시절부터 공원에서 친구들과 칼을 가지고 놀기 시작했고, 이에 놀란 트럼프의 아버지는 트럼프를 뉴욕 엘리트의 자녀들이 주로 진학하는 학교 대신 뉴욕 군사학교에 보내버렸다. 그곳에서 트럼프는 엄격한 규율 속에 스포츠를 접하면서, 본격적으로 스포츠를 시작하게 된다. 트럼프는 뉴욕 군사학교에서 미식축구와 축구, 야구까지 3종목의 스포츠에 참여했다. 특히 야구는 꽤 재능이 있었고, 주로 투수와 1루수로 활약했다. 트럼프는 자서전을 통해 어린 시절 스포츠 경험을 이야기했는데, 기억 속에 있는 자신은 고교 야구의 스타였다고 주장했다.

트럼프는 지난 2004년 브라이언 킬미드가 쓴 『The Games Do

Count: America's Best and Brightest on the Power of Sports』라는 책에서 "나는 프로야구 선수가 되어야 했다. 뉴욕 군사학교에 다닐 때 야구팀의 주장이었다. 나는 좋은 재능을 가지고 있었다."라며 고교 시절을 회상했다. "나는 신문에서 내 이름을 처음 봤던 순간을 잊지 못할 것이다. 1964년 학교 대항 경기에서 홈런을 쳤는데, 신문을 본 뒤 실제 홈런을 쳤을 때 보다 더 좋았다."라며 흥분을 감추지 못했다. 트럼프는 윌리 맥코비라는 또 다른 어린 선수와 함께 입단 테스트를 받았는데, 훗날 명예의 전당에 헌액될 정도로 뛰어난 실력을 갖춘 맥코비의 모습을 보고 야구를 포기했다고 말했다. 2010년에는 MTV와의 인터뷰에서 "나는 프로야구 선수가 되어야 했지만, 당시 메이저리그 수입이 그리 많지 않아 대신 부동산에 뛰어들었다."라며 본인이 야구를 아주 잘 했다는 것을 다시 한번 강조하기도 했다.

트럼프가 야구와 관련해 계속해서 자랑을 이어가자, 2020년 미국의 시사 온라인 매거진 《SLATE》에서 2020년 5월 5일, 트럼프와 야구에 대한 특집 기사를 실었다.

대통령은 그가 프로에 갈 수 있었다고 오랫동안 주장해 왔는데 우리가 조사해 보았다.

The president has long claimed he could have gone pro. We looked into it.

'도널드 트럼프는 야구를 잘했는가?(Was Donald Trump Good at Baseball?)'라는 제목의 기사를 통해 《SLATE》는 트럼프의 고교 시절 동창뿐 아니라, 야구 관련 모든 기록, 지역 신문 등 관련된 모든 상황을 취재했다. 그리고 트럼프가 뉴욕 군사학교에서 야구부의 주장이었던 것은 사실이지만, 기록 분석 결과 그는 평범한 성적을 내는 선수에 불과했고, 뉴욕 군사학교 야구부의 수준이 다른 학교에 비해 떨어진다는 것까지 고려하면 메이저리그 진출은 불가능하다는 결론을 내렸다. 실제 지역 신문에도 트럼프가 홈런을 쳤다는 내용은 존재하지 않았으며, 야구 관련 트럼프의 주장은 대부분 크게 부풀려진 것이라고 보도했다.

이런 내용은 사실 트럼프의 골프 실력에 관한 이야기와도 비슷하다고 볼 수 있다. 트럼프는 골프 잡지 《골프다이제스트》에 "18개의 클럽 챔피언십 대회에서 우승했다."고 밝힌 바 있다. 물론 트럼프의 골프 실력이 지금도 일반인치고는 수준급인 것은 맞지만, 클럽 챔피언십 대회 우승은 다른 이야기다. 미국의 스포츠 기자 릭 라일리가 쓴 책 『Commander in Cheat: How Golf Explains

Trump』에 보면 트럼프가 주장한 18번의 우승 가운데 16번은 거짓말이며, 2번은 확인할 수 없는 내용이라고 한다. 결론은 우승이 확인된 사실은 한 차례도 없다는 것이다. 골프광으로 알려진 트럼프지만 이는 점수 카드를 조작하거나, 반칙 플레이를 통해 얻은 성적이라는 것이다.

일방적인 주장에 대한 부정적인 반응 속에서도 트럼프는 야구와 골프를 비롯한 '스포츠맨'으로서의 이야기를 통해 강한 이미지를 구축하게 되었다. 그리고 스포츠에 대해 지속적으로 개인적인 견해를 나타내고 있다.

"지금의 메이저리그는 지나치게 경기가 많고 지나치게 경기 시간이 길다. MLB는 나를 커미셔너로 고용해야 할 것이다."

"야구 역사상 가장 훌륭한 선수 가운데 한 명인 위대한 피트 로즈가 세상을 떠났다. 그는 이미 승부조작에 대한 대가를 치렀다. MLB는 장례식 전이라도 그를 명예의 전당에 들어가게 해야 한다."

트럼프의 주장이 모두 잘못된 것은 아니지만, 대부분은 보통의 사람들이 받아들이기 쉽지 않은 것은 분명해 보인다.

미국 대통령 중에는 고등학교나 대학에서 스포츠를 경험한 사람이 많다. 그중에서도 트럼프 대통령은 오바마 대통령과 함께 뛰어난 운동 능력을 발휘했던 스포츠맨으로 통한다. 오바마와의 차이점이라면 오바마는 프로스포츠 단체들과 원만한 관계를 유지했지만, 트럼프는 미식축구나 NBA 농구 선수들과 강하게 대립했다는 것을 꼽을 수 있다. 트럼프는 자신이 항상 옳다고 믿고, 다른 사람의 충고를 듣지 않으며, 타협하지 않는 성격을 지닌데다 기존 정치인의 문법을 따르지 않는다는 점에서 나온 현상이기도 하다.

스포츠맨의 정체성을 갖고 있긴 하지만 스트롱맨의 성격에 밀린 것이라고 볼 수 있다. 피델 카스트로가 메이저리거가 되었다면 쿠바 혁명은 불가능했겠지만, 만일 트럼프가 고교 졸업 이후 메이저리그에 진출했다고 해도, 미국의 역사는 바뀌지 않았을지도 모른다. 트럼프는 아마도 메이저리그 생활을 끝낸 뒤 정치에 뛰어들어 결국에는 대통령이 되었을 가능성이 충분하기 때문이다. 부동산 재벌이 정치인으로 변신하는 것과 메이저리그 선수가 대통령 후보가 되는 것은 사실 별 차이가 없다. 트럼프가 처음 공화당 후보로 선정된 순간부터 미국 대통령에 당선되었을 때까지 모두가 설마 하던 일이 현실로 이어졌다. 스포츠맨이자 스트롱맨인 트럼프 2기에는 과연 어떤 모습이 이어질지 주목된다.

트럼프 1기 문화 전쟁, 경기장 국가 연주

프로농구 창원 LG에서 뛰던 외국인 선수 제퍼슨은 지난 2015년, 경기 전에 애국가가 나올 때 예의를 갖추지 않고 스트레칭을 해 많은 비판을 받았는데, 징계위원회에 넘겨진 뒤 끝내 팀에서 퇴출당했다. 러시아 리그 득점왕 출신으로 2년 동안 KBL에서 최고의 활약을 펼쳤지만, 애국가가 나올 때 불손한 모습을 보인 것은 한국 농구 및 한국을 무시한 것이라는 비난이 이어졌기 때문에 팀으로선 어쩔 수 없는 선택이었다. 제퍼슨의 퇴출에 대해 지나치다는 의견도 있지만, 상당수가 공감했던 이유는 그가 미국 출신이기 때문이었다. 미국은 거의 모든 스포츠 경기를 시작할 때 국가를 연주하고 국기 앞에서 예의를 갖추는 것을 당연하게 여기는 나라이기 때문이다.

제퍼슨이 한국 프로농구를 떠나고 나서 1년 뒤, 미국에서는 국가 연주 도중 미국 선수가 무릎을 꿇고 항의하는 충격적인 장면이 나왔고, 당시 대통령이던 트럼프와 최고 인기 스포츠 미식축구계의 '문화 전쟁'으로 이어졌다.

미국 대통령과 미국 최고의 스포츠계가 등을 돌리게 된 건 트럼
프가 대통령 선거 운동에 한창이던 2016년으로 거슬러 올라간다.
미식축구 샌프란시스코 포티나이너스의 콜린 캐퍼닉은 그린베이
패커스와의 경기에서 국가가 울리는 순간에 다른 사람들이 모두
기립한 것과는 달리, 일어서지 않고 무릎을 꿇고 앉아 있었다.

경기 후 이에 대한 질문에 캐퍼닉은 "흑인에 대한 인종 차별이
이뤄지는 나라를 위해서 일어나고 싶지 않았다."라고 말했고, 이
인터뷰를 계기로 국가가 연주되는 동안 경기장에서 선수가 무릎을
꿇는 행동은 미국 사회 전체에 큰 논란으로 이어졌다. 캐퍼닉은 평
소에도 흑인의 권리에 대한 의견을 자주 표명해 온 데다, 'Black
Lives Matter(흑인의 생명도 소중하다.)' 운동의 영향으로 흑인의
권리에 대한 동조 여론이 높았다.

당시 대통령이던 오바마는 "캐퍼닉은 자신의 소신을 나타내기
위해 헌법상의 기본권을 행사했다."라며 캐퍼닉을 옹호했지만
2017년 취임한 트럼프는 달랐다. 캐퍼닉을 시작으로 미식축구 선
수들의 무릎 꿇기 항의가 확산하자 트럼프 대통령은 미국프로풋볼
리그(NFL)에서 국가 연주 도중에 항의 표시를 한 선수들을 제명해
야 한다고 주장했고, 선수들이 국가 연주에 대한 결례를 멈출 때까
지 경기장에 가지 않아야 바뀔 것이라고 말하기도 했다. 또한 미식

축구의 관중이 줄어들고 시청률이 떨어지는 것은 지루한 경기 때문이기도 하지만, 미국을 사랑하는 사람들이 경기장을 찾지 않는 것이라는 의견을 트위터에 올리기도 했다. 이에 대해 선수들은 적극적으로 반발했고, 무릎 꿇기 운동에 동참하는 선수들이 늘어나면서, 트럼프와 미식축구계의 갈등은 더욱 고조되었다.

영국 런던에서 열린 특별 경기에서는 미국 국가가 연주되자 무릎 꿇기에 더해 팔짱까지 끼면서 항의했다. 피츠버그 스틸러스 선수단은 국가 연주 시간에 아예 나타나지 않기도 했다. 무릎 꿇기 운동에 가세한 선수들은 200여 명으로 전체 NFL 선수 가운데 1/8 정도를 차지했다. 무릎 꿇기에 가세하지 않은 선수들도 대부분 트럼프에 반대하기는 마찬가지였다. '애국심'을 강조하는 트럼프와 '인종 차별'을 주장하는 미식축구 선수들은 돌아올 수 없는 강을 건넌 상황이 되었고, NFL 우승팀의 관례인 백악관 초청행사도 자연스레 무산되었다. 미식축구 선수들이 시작한 '국민의례 저항'은 미국프로농구(NBA)로 이어졌다.

2017-2018 시즌 시범경기 개막전에 출전한 LA 레이커스와 미네소타 팀버울브스 선수들은 국민의례가 진행될 때 일렬로 늘어선 채 서로 팔짱을 끼면서 NFL의 항의를 NBA 무대로 옮겨갔다. 이런 움직임은 NFL이나 NBA에 비해 상대적으로 흑인 선수가 적은

북미 아이스하키리그(NHL)도 예외는 아니었다. 2020년 흑인인 조지 플로이드가 경찰의 총격으로 사망하자 'Black Lives Matter(흑인의 생명도 소중하다.)' 운동의 확산과 함께 스포츠계에서 다시 한번 국가 연주 거부 문제가 화두로 떠오르기도 했다. 캐퍼닉의 무릎 꿇기로 시작된 인종차별 저항에 대해 야구는 상대적으로 별다른 모습을 보이지 않았다.

볼티모어 오리올스의 애덤 존스가 "프로야구 선수들이 사회적 이슈에 침묵하는 것은 야구가 백인들의 게임이기 때문"이라고 비판하며 캐퍼닉을 지지하긴 했지만, 소수 의견에 그쳤다. 실제로 미국에서 야구는 미식축구나 농구에 비해 흑인이 차지하는 비중이 적을 뿐 아니라, 중남미나 일본, 우리나라처럼 미국 이외의 국가에서 온 선수들이 많은 스포츠라는 특성을 갖고 있다. 그런데 캐퍼닉이 저항했던 경기 전 국가 연주가 바로 야구에서 시작된 미국의 문화라는 점은 흥미로운 대목이다.

미국 국가인 「The Star -Spangled Banner」는 1931년에야 미국의 공식 국가로 인정된 노래다. 1931년 후버 대통령이 의회 결의안을 서명하면서 국가가 되었는데, 이전에는 「America the Beautiful」, 「My Country, Tis of Thee」 같은 노래가 「The Star -Spangled Banner」와 함께 미국을 상징하는 음악으로 사용되었다. 「The Star -Spangled Banner」가 스포츠에서 처음 사용된 건 1918년 메이저리그 월드시리즈였다. 당시 월드시리즈에서 시카고 컵스와 보스턴 레드삭스가 대결했는데, 국가는 경기가 시작하기 전이 아닌 7회에 연주되었다. 미국의 야구경기에서는 '7회 스트레치 타임(Seventh -inning stretch)'이라고 해서 간단한 체조를 하는 시간이 있는데, 1918년 월드시리즈 7회에 미국 국가가 처음 연주되었고, 이 전통은 1차 세계대전을 거치며 본격적으로 스포츠 행사의 한 영역으로 자리 잡기 시작했다.

1차 세계대전에서 미국과 동맹국들의 승리가 확실해지자 국수주의 경향이 강해졌고, 스포츠 경기장은 국가에 대한 충성심을 고취시키는 최적의 장소로 떠올랐다. 메이저리그에선 2차 세계대전 이후 국가 연주가 필수 항목이 되었으며 전쟁 이후 대학 스포츠 및 NBA, NFL 등 스포츠가 펼쳐지는 모든 곳에서 국가 연주를 들을 수 있게 되었다. 실제 NBA에서는 국가가 연주되면 선수와 코치, 트레이너들이 서서 존경의 뜻을 나타내야 한다는 규정이 있을 정도이다.

이처럼 미국 스포츠에서 국가 연주는 미국만의 전통으로 확실히 자리매김하게 되었다. 미국이 아닌 나라에서 열리는 경기에서도 마찬가지이다. 2024년 3월 우리나라의 고척돔에서 열렸던 메이저리그 개막전에서도 미국 국가가 연주되었다. 반면 유럽 축구에서는 경기 전에 국가 연주를 하지 않는다. 유럽 스포츠인 축구는 국가대항전에서만 국가를 연주할 뿐, 프로 리그 경기에 앞서 국가를 연주하지 않는다. 일본 프로야구에서는 국가 연주를 자율에 맡기고 있다. 특별한 경기에서 국가 연주를 진행하기도 하지만, 대부분은 국가 연주 없이 진행된다. 우리나라는 미국식 스포츠인 야구와 농구를 할 때 국가 연주를 진행해 왔지만, 프로농구에서는 2024년부터 국가 연주를 자율에 맡기고 있다. 시대 변화와 함께 프로스포츠 경기에서 국가 의식을 강제할 수 없다고 판단했기 때문이다. 사실 국가대항전이 아닌 프로스포츠 경기에서 국민의례를 강제할 근거는 없다. 국가 연주를 강제하지 않고 구단 자율에 맡기기로 했지만, 국가 연주를 폐지한 구단은 10개 구단 가운데 3개 구단이며, 7개 구단은 국가 연주를 그대로 진행하기로 했다. 프로농구 출범부터 오랜 기간 이어진 관례이니만큼 굳이 바꿀 필요가 없다는 의견이 다수를 이루고 있다. 이처럼 한번 정착된 제도는 쉽게 바꾸기 어렵다.

1918년 월드시리즈 7회에 처음 시작된 국가 연주는 시대가 바뀌면서 경기가 시작되기 전에 펼쳐지게 되었다. 전통적인 7회 스트레치 타임에는 「Take Me Out to the Ball Game」이라는 노래가

1934년 월드시리즈 4차전에서 처음 울려 퍼진 이후 미국 야구의 7회를 장식하는 음악이 되었다. 다인종 국가인 미국은 음악을 통해 하나가 되는데 그 역할을 하는 것이 미국 국가와 「Take Me Out to the Ball Game」이라고 할 수 있다. 우리나라와 일본 야구에서도 7회 체조 시간을 갖기는 하지만 구단별로 부르는 노래는 다르다. 미국처럼 모든 메이저리그 구장이나 대학 야구를 비롯한 아마추어 야구에서도 「Take Me Out to the Ball Game」 같은 노래를 부르는 경우는 찾아보기 어렵다.

비슷한 사례로 교가 문화도 마찬가지이다. 우리나라와 일본은 초중고 모두 교가가 존재하지만, 미국은 교가가 없거나, 있어도 유명무실한 경우가 많다. 학교 행사에서 모두 미국 국가를 부르기 때문일 것이다. 이런 문화는 미국 우선주의로 이어질 가능성이 높다. 언제나 '미국을 다시 위대하게(Make America Great Again)'를 부르짖는 트럼프에게 미국 국가는 신성한 음악일 것이다. 조용히 고개를 숙인 채, 오늘의 미국을 만든 사람들에게 감사하는 시간을 갖고, 나 역시 위대한 미국 건설에 앞장서겠다고 다짐하는 시간일 것이기 때문이다.

그런데 미국 국가가 흐르는 순간에 경건한 자세가 아니라, 저항의 몸짓을 한다(?). 트럼프 입장에선 무릎을 꿇는 선수들에게 노골적인 반감을 갖게 될 수밖에 없을 것이다. 흑인 선수 역시 이런 행동에 노골적인 반대 의사를 나타내는 트럼프가 분명 미울 것이다. 시민으로서의 트럼프라면 개인의 의견을 표출할 수 있다. 하지만 미국 대통령 트럼프는 분명 다르다. 본인의 지지자만 국민이 아니다. 대통령은 모든 국민을 대표하는 자리이기에 자신의 의견에 반하는 목소리도 들어야만 한다. 그런데 트럼프는 흑인 선수들의 저항을 노골적으로 조롱했는데, 이는 자신의 지지 기반인 백인들의 호감을 사기 위한 수단이라는 걸 알기 때문에 흑인 선수들이 더욱 분노하는 측면도 존재한다. 2016년에 시작돼 2017년에 절정을 이루고, 2020년 조지 플로이드 사건으로 재연된 국가 연주 기립 거부 사태는 트럼프 2기의 출범과 함께 다시 시작될 가능성이 높다.

선수들은 여전한 인종 차별에 분노하고 있고, 트럼프는 국가 연주에 불손한 태도를 보이는 모습에 분노하고 있기 때문이다. 양측의 분노는 잠시 멈춰있을 뿐 완전히 가라앉지 않은 상태이다. 휴화산 상태는 언제든 폭발할 수 있다는 걸 의미한다. 트럼프 1기 시절보다 더욱 막강한 권한을 가진 데다, 주위에 쓴 소리를 하는 사람마저 사라진 지금, 트럼프와 프로스포츠 선수들의 문화 전쟁 2라운드는 이제 초읽기에 들어갔다.

보상금은 1달러, 실패한 미식축구 도전

"하늘은 어찌하여 주유를 낳고 또 제갈량을 낳았단 말인가!"

제갈량의 그늘에 가린 주유가 했다는 유명한 말인데, 주유가 만일 트럼프 같은 성격의 소유자였다면 같은 사실을 놓고도 다르게 표현했을지도 모른다. 1980년대 미식축구 구단주였던 트럼프는 야구 시즌을 피해 겨울부터 봄까지 진행하던 미식축구를 야구 시즌과 같은 기간에 치르려는 야심 찬 계획을 발표하면서 이렇게 말했다.

"신이 봄에 미식축구를 원했다면 야구를 만들지 않았을 것입니다."
If God wanted football in the spring, he wouldn't have created baseball.

미국의 대통령인 트럼프는 미국을 대표하는 스포츠인 미국 프로풋볼리그(NFL)와 오랜 애증의 관계를 이어오고 있다. 여러 차례

NFL에 소속된 미식축구 구단 인수를 추진했지만, 번번이 실패했고, 아예 미국 프로풋볼리그(NFL)에 대항하는 새로운 리그에 참여하기도 했으며, NFL을 상대로 소송까지 진행했지만 모두 실패했다. 첫 번째 대통령 임기를 끝낸 이후에도 대학 풋볼에 큰 관심을 보였다. 부동산으로 부를 쌓아 재벌이 되었고, TV 방송으로 유명 인사가 되었으며, 두 번이나 미국 대통령에 당선되면서 명예까지 얻은 트럼프가 유일하게 이루지 못한 것이 있다면 바로 NFL 구단의 구단주가 되는 것이다. 그런 의미에서 트럼프에게 NFL은 여전히 좌절을 안겨주는 이름이라고 할 수 있다.

트럼프는 고등학교 시절 직접 미식축구 선수로 활약했을 뿐 아니라, 평소 미식축구에 대해 강한 애정을 표현해 왔다. 냉정한 분석과 사업적인 수완을 통해 부동산 재벌로 영역을 확장해 온 트럼프의 방식은 치밀한 작전을 통해 상대 영역을 점령해 가는 미식축구와 아주 많이 닮았다. 가장 미국적인 스포츠인 미식축구와 미국 백인 남성을 대표하는 트럼프는 너무나 잘 어울린다.

미국 대통령과 가장 비슷한 포지션을 스포츠에서 찾는다면 단연 미식축구의 쿼터백일 것이다. 상대의 집중 견제를 이겨내야 하고, '야전 사령관'이란 별명답게 순간순간 빠른 결정을 내려야 하며, 팀에서 가장 주목받는 위치이면서, 패배에 대한 책임을 져야 하는 위치이기 때문이다. 미식축구를 사랑한 남자 트럼프는 1981년 미국 프로풋볼리그(NFL) 산하 구단인 볼티모어 콜츠 구단을 인수하려 했다. 당시 구단주는 볼티모어 콜츠의 연고지를 다른 도시로 옮기거나 구단을 매각하려 했는데, 트럼프가 다른 6명과 함께 볼티모어 콜츠 인수전에 뛰어들었다.

미국인들이 가장 자부심을 가지고 있는 스포츠인 NFL은 돈이 아무리 많아도 구단을 쉽게 소유할 수 없다. 일단 NFL은 법인 소유를 허용하지 않는다. NFL 구단의 오너 그룹은 24명 이내의 개인으로 구성되어야 하는데, 한 명의 주주가 반드시 30% 이상의 지분을 소유하도록 규정하고 있다. 트럼프는 대표 주주 자격으로 5천만 달러를 제시했지만, 그의 제안은 거절되었다. 승승장구하던 사업가 트럼프의 첫 번째 좌절에는 미식축구가 얽혀 있었다.

1983년 트럼프는 NFL의 대항마로 출범한 USFL(United States Football League)로 관심을 돌리기 시작했다. 가장 좋은 입지의 부동산을 어떤 이유로 구매하지 못했다면 두 번째로 좋은 입지의 부동산을 선택하는 것이 아니라 아예 전혀 새로운 곳, 그것도 알려지지 않은 곳에 모험을 거는 트럼프의 방식과 유사하다고 할 수 있다. USFL은 신생 리그인 만큼 선발 주자인 NFL과의 경쟁을 피해, 틈새시장을 공략하는 방식을 취했다. 대표적인 것이 시즌을 NFL과

다르게 편성하는 것이었다.

사실 NFL은 메이저리그 야구에 비해 역사가 짧은 편이고, 1970년대까지는 야구에 밀려 '2위 스포츠'에 머물러 있었다. 초창기에는 전용 구장이 아닌, 야구장에서 경기를 치러야 했기 때문에 메이저리그 야구가 종료된 가을부터 겨울까지 NFL 시즌을 진행했다. 2월 초 챔피언 결정전인 슈퍼볼이 끝나면 NFL의 시즌은 종료되었다. 후발주자인 USFL은 NFL의 시즌이 종료되는 시점인 봄에 시작해서 NFL의 시즌이 시작되기 전인 여름까지 시즌을 이어가는 방식을 추구했다. 이는 괜찮은 시도로 평가되었으며 단기간에 USFL이 정착하는 데 중요한 역할을 했다.

또한 USFL은 리그의 재정 안정화를 꾀하기 위해 연봉 총액을 제한하는 '샐러리캡'을 도입했다. 샐러리캡을 NFL보다 먼저 도입한 곳이 USFL이었는데, USFL은 출범 첫해 시청률과 관중 숫자에서 기대 이상의 성적을 올리면서 NFL의 대항마로 떠올랐다. 하지만, 트럼프가 USFL의 구단주로 USFL에서 영향력을 발휘하기 시작하면서 USFL은 몇 년 뒤 역사 속으로 사라지는 운명을 맞게 되었다.

트럼프는 1983년 뉴저지 제너럴스라는 USFL 소속 구단을 500만 달러에서 1천만 달러 사이의 금액으로 인수해 풋볼 리그에 뛰어들었다. 투자 대상이 정해지면 누구보다 과감하게 투자하는 트럼프의 방식은 USFL에서도 비슷했다. 트럼프가 뉴저지 제너럴스에 공격적인 투자를 이어가자, USFL 관계자들은 트럼프가 리그의 가치를 높일 것이라고 낙관적인 전망을 이어갔다.

실제 트럼프는 1985년 대학리그에서 최고의 쿼터백으로 인정받고 있던 더그 플루티와 수백만 달러의 다년 계약을 맺으며 그를 영입했지만, 트럼프의 야심 찬 계획은 어긋나기 시작했다. 플루티가 생각보다 리그에 잘 적응하지 못했고, 팀 성적도 떨어졌기 때문이다. 결과적으로 플루티의 스카우트는 실패했다. 그럼에도 불구하고 과감한 투자로 USFL에서 영향력이 큰 구단주가 된 트럼프는 NFL과의 직접 경쟁을 선언하며 NFL에게 도전장을 던졌다.

1984년 ABC 뉴스와의 인터뷰에서 "신이 봄에 미식축구를 원했다면 야구를 만들지 않았을 것입니다."라는 유명한 말을 남기면서 봄-여름에 열리던 경기를 가을부터 겨울로 옮겨 NFL과 정면으로 대결하는 모험을 시작했다.

사실 트럼프의 진정한 승부수는 NFL을 상대로 한 독점 금지 소송이었다. 시즌을 옮기면서 NFL과 USFL의 시즌은 완전히 겹치게 되었다. 같은 종목인 미식축구를 같은 기간에 하는데 방송사에선 NFL 경기만을 중계방송했다. USFL에 따르면 미국의 주요 방송사가 USFL 경기를 중계하지 못하게 압력을 넣은 주체는 NFL이었다. 이와 같은 사실을 바탕으로 USFL은 NFL과 반독점 소송을 시작하게 되었다. USFL과 트럼프는 이 소송을 통해 NFL과 USFL의 강제 합병이나 거액의 배상금, 또는 NFL의 TV 계약 무효를 희망했다. 특히 트럼프는 법원의 강제 조정을 통해 NFL과 USFL이 통합되면, NFL 구단을 소유할 것이라는 계획을 세운 것으로 알려졌다.

실제 미국에선 비슷한 사례가 존재한다. NFL은 1920년 미국프로축구협회(American Professional Football Association, APFA)로 시작해, 1922년 내셔널풋볼리그(National Football League, NFL)로 재탄생하면서 인기를 끌기 시작했다. NFL의 인기에 맞서 1960년 아메리칸풋볼리그(American Football League, AFL)가 정착하게 되면서 1966년부터 NFL과 AFL의 챔피언이 우승팀을 가리는 슈퍼볼을 열게 되었고, 1970년 NFL과 AFL이 합쳐지면서 통합 NFL이 출범하게 된 것이다. 트럼프는 AFL의 사례를 바탕으로, 소송이 성공적으로 끝난다면 NFL과 USFL의 합병에 이어 NFL 구단 인수라는 꿈을 이룰 수 있다는 계획이었다.

사실 트럼프는 NFL 최고 명문 구단인 댈러스 카우보이스의 구단주가 될 기회가 있었다. 1984년 댈러스 카우보이스의 구단주는 팀을 매각하겠다는 의사를 밝힌 바 있고, 트럼프는 5천만 달러의 금액에 인수하는 데 관심을 보였지만, 인수 과정에서 트럼프가 한 차례 거부 의사를 밝혔다. 트럼프의 저서인 『거래의 기술』에 여러 차례 나온 것처럼 상대에게 조바심을 내게 만드는 방법을 사용했던 것이다. 이는 보다 저렴한 가격으로 구단을 인수하기 위해서였는데, 트럼프로서는 일생일대의 기회를 놓친 셈이 되었다. 2022년 댈러스 카우보이스의 구단 가치는 1억 4천만 달러로 세계 프로스포츠 구단 가운데 1위를 차지할 정도로 성장하게 되었다. 댈러스 카우보이스를 놓치면서 NFL 구단을 소유할 기회를 놓친 트럼프는 소송에 기대를 걸었다. 소송에 이기면 뉴저지 제네럴스의 연고지를 뉴욕으로 옮기고, 뉴욕에 '트럼프 스타디움'을 건설한다는 청사진까지 만들어 놓은 상태였다.

1986년 봄에 시작된 소송은 NFL이 여러 방송사와 이미 계약을 맺고 있어, 결과적으로 USFL의 중계방송을 방해해 반독점법을 어겼다는 내용이 핵심이었다. 최종 판결은 USFL의 승리였지만 배상금은 기대했던 수천만 달러가 아닌 고작 1달러에 불과했다. 배심원은 법적으로는 USFL의 주장이 맞다고 인정했다. 하지만, USFL의 소송 자체가 법률을 악용하는 것이라고 판단해서 오히려 패소보다 더욱 비참한 선고를 내리게 된 것이다. 이 판결로 USFL은 '1달러 리그'라는 불명예를 안게 되었고, 이후 몰락의 길을 걷게 되었다.

가을 리그로의 이동과 재판에서 사실상의 '패배'로 큰 타격을 받은 USFL은 결국 가을 리그를 시작하지도 못하고 사라지게 되었다. 트럼프의 계획에 동참했던 USFL 구단주들은 큰 손해를 안게 되었다.

USFL이 없어진 이후에도 트럼프에게 USFL이란 단어는 영원한 금지어가 되었지만, NFL 구단을 향한 트럼프의 구애는 사라지지 않았다. 1988년 뉴잉글랜드 패트리어츠를 인수하려 시도했지만, 구단에서 USFL 사태의 영향으로 트럼프를 불신하면서 인수 시도가 무산되었다. 2014년엔 버팔로 빌스 구단주가 사망하면서 팀이 매물로 나왔고, 역시 트럼프가 인수를 시도했지만, 이번에도 실패했다.

이른바 정신 승리의 1인자인 트럼프는 인수 실패 이후 "NFL 시청률이 떨어지고 있다. 빌스를 인수하지 않아 다행이다."라는 말을 남겼으며 "만약 내가 버팔로 빌스를 샀다면 대선에 출마하지 못했을 것이기 때문에 팀을 사지 않았다."라고 말하기도 했다.

제갈량의 그늘에 가려진 주유지만, 만일 주유가 오래 살았으면 삼국지의 역사가 바뀌었을지도 모른다는 말이 있다. 만일 트럼프가 NFL 구단을 소유하게 되었다면 미국의 역사가 달라졌을지도 모른다. 트럼프와 미국, 세계인의 운명을 바꾼 건 어쩌면 미식축구일지도 모른다.

전통과의 단절, 야구광의 시구 거부

트럼프 1기의 후반부인 2020년 7월, 메이저리그 야구 시구와 관련된 설화가 발생했다. 트럼프에 얽힌 대부분의 구설수가 그렇듯이 이번에도 트럼프 자신이 만들어낸 일이었다.

"뉴욕 양키스의 사장인 랜디 레빈이 제 친구인데, 저에게 시구를 요청해서 시구를 하기로 했습니다. 제 생각에는 8월 15일 양키 스타디움에서 하게 될 것 같습니다."

트럼프 대통령이 7월 23일에 열린 백악관 브리핑 도중 밝힌 내용은 백악관 관계자들도 전혀 모르는 이야기였고, 뉴욕 양키스 관계자들 역시 들어본 적 없는 말이었다.

《뉴욕타임스》에 따르면 트럼프 대통령의 시구 일정 발표는 사전에 아무런 조율도 없이 즉흥적으로 이뤄졌다. 트럼프는 뉴욕 양키스의 사장으로부터 적절한 시간에 시구를 해달라는 부탁을 받은 적이 있지만, 그냥 의례적인 인사에 가까운 것이었다. 트럼프가 갑자기 뉴욕 양키스 시구를 이야기한 건, 8월 15일 시구자로 결정된 사람이 마음에 들지 않는 인물이기 때문이다. 2020년 8월 15일은 메이저리그 개막일이었다. 코로나19의 영향으로 메이저리그가 정상적으로 개막되지 못하고 단축 시즌으로 치러지는 가운데 열리는 개막 경기여서 모두가 주목하는 경기였다. 시구자는 미국 알레르기 전염병연구소(NIAID)의 소장인 앤서니 파우치 박사로 그는 코로나19가 유행하는 동안 대다수의 미국인들에게 지지를 받아왔다.

2020년 5월 한국프로야구가 개막하자 정은경 질병관리청 본부장을 개막전 시구자로 모시자는 의견이 나오고, 실제 《한국경제》, 《서울신문》, 《MBN》 등에서 이런 의견이 보도된 것과 비슷한 사례라고 할 수 있다. 미국 알레르기 전염병연구소의 소장인 파우치 박사는 코로나19 유행을 거치는 동안 이른바 '국민 의사'로 등극하며 미국인들의 높은 신뢰와 지지를 받아왔다. 트럼프 대통령과 그의 측근들은 '입바른 소리'를 주저하지 않았던 파우치 박사를 공격하며 흠집을 내려고 시도해 왔는데, 파우치 박사가 개막전 시구자로 발표되며 언론의 주목을 받자 불편한 감정을 특유의 독설적인 화법으로 표현한 것이다.

트럼프가 뉴욕 양키스 구단과 상의도 없이 덜컥 시구 이야기를 꺼낸 사실이 알려지자, 언론에선 비판을 이어갔다. 결국 트럼프 대통령은 이틀 뒤 트위터를 통해 시구를 취소한다고 발표했다.

"현재 '중국 바이러스' 사태에 집중하고 있으며 백신 및 경제 관련 미
팅을 가질 계획이어서 8월 15일로 예정된 메이저리그 야구 개막전
시구를 할 수 없게 되었다. 다음에 기회를 마련해 보겠다."

대통령 취임 이후 메이저리그 경기에서 시구를 하지 않았던 트
럼프는 이처럼 임기 마지막에도 시구와 관련된 해프닝을 남기고
퇴임했다. 미국 대통령이 재임 기간에 메이저리그 경기 시구를 한
번도 하지 않은 건 트럼프가 110년 만에 처음이었다.

미국 대통령의 메이저리그 시구는 1910년 윌리엄 하워드 태프트
대통령으로부터 시작되었다. 태프트 대통령의 시구 이후 거의 모
든 대통령이 개막전에 시구를 했다. 개막전 시구를 하지 않았던 유
일한 대통령인 카터 대통령은 개막 7경기 만에 시구를 했지만, 공
을 받은 볼티모어의 포수 릭 뎀프시로부터 "다음번에는 7번째 경
기 전에 엉덩이를 치워라."라는 농담 섞인 질책을 들어야 했다.

사실 트럼프는 메이저리그 공식 개막전에 시구자로 초청을 받은
적이 있다. 백악관이 있는 워싱턴 D.C.를 연고로 하는 워싱턴 내셔
널스와 트럼프가 평소 거주하는 장소를 홈으로 쓰는 마이애미 말

린스의 개막전이 그 무대였다. 백악관 측은 일정이 겹쳐 시구를 할 수 없었다고 밝혔지만, 이는 사실이 아닐 가능성이 높다. 1910년 이후 대통령이 메이저리그 개막전에 시구자로 등장하는 건 미국의 전통으로 자리잡은 매우 중요한 행사이기 때문이다.

미국에서 야구는 국민적인 스포츠다. 실제로 야구는 '전 국민의 여가(National pastime)'라고 불릴 정도이다. 메이저리그 야구는 매 경기 모든 관중이 기립한 상태에서 미국 국가가 울려 퍼진 이후에 시작된다. 미국을 대표하는 대통령이, 미국인 모두의 축제인 메이저리그 야구가 시작되는 날, 시구자로 등장해 공을 던지는 건 단순한 스포츠 행사 참여가 아니라 모든 국민과 함께하겠다는 상징적인 표현이다.

트럼프가 워싱턴 구장에서 시구를 거절한 이유는 트럼프를 반대하는 목소리를 듣기 싫어서일 가능성이 높다. 실제 미국의 모든 대통령이 시구를 하면서 환영받은 것은 아니다. 금주법 시대의 대통령인 허버트 후버 대통령은 시구자로 나섰을 때 야구팬들에게 "우리는 맥주를 원한다(We want beer)."라는 야유를 듣기도 했다.

2016년 당선된 트럼프 대통령은 취임 첫해부터 미국인의 절반으로부터 비판적인 목소리를 들어야 했다. 특히 워싱턴 D.C.의 메트로 지역은 힐러리 클린턴에게 압도적인 지지를 보낸 지역이어서 트럼프에게 야유를 퍼부을 가능성이 아주 높았다. 하지만 후버 대통령을 비롯해 다른 대통령처럼 비판적인 목소리를 감수했다면 더 좋았을 것이다. 실제 트럼프는 고교 시절 야구 선수였고, 역대 그 어느 대통령 보다 멋진 시구를 통해 이미지 개선에 성공할 가능성이 높았기 때문이다.

사실 트럼프는 야구 경기에서 시구를 한 적이 있다. 비록 메이저리그가 아닌 마이너리그 경기였고, 대통령이 되기 12년 전의 일이지만, 어쩌면 지상 최대의 시구라고 할 수도 있을 정도로 트럼프다운 시구를 보여준 적이 있다.

2004년 9월 10일 트럼프는 마이너리그 구단인 패트리어츠의 점퍼를 입고 마운드에 나타났다. 보통 시구자가 더그아웃에서 마운드로 걸어 나오는 것과는 달리 트럼프는 등장부터 압도적인 퍼포먼스를 보여줬다. 트럼프를 태운 헬리콥터가 야구장 마운드에 착륙했고, 헬리콥터에서 내린 트럼프는 박수를 받으며 마운드에 올랐다. 투구 내용 역시 대단했다. 고교 시절 야구 선수로 뛰었던 경력을 과시라도 하듯 빠른 공으로 스트라이크를 던졌다. 시구 문화가 발달한 우리나라와 일본, 미국을 통틀어도 세 손가락 안에 꼽힐 만큼 인상적인 시구 장면이었다.

이처럼 야구 능력이 뛰어난 데다 주목받는 것을 좋아하는 트럼프의 성격을 생각하면 어쩌면 트럼프는 시구에 가장 어울리는 사람일 수도 있다. 1기 트럼프 시절에는 한 번도 시구를 하지 않았지만, 두 번째 임기 중에는 메이저리그 시구자로 등장할 가능성이 높을 것으로 전망된다.

메이저리그 야구는 미식축구나 NBA 농구와는 달리 트럼프에게 적대적인 모습을 보이지 않는 스포츠다. 또한 4년 전과는 미국의 정치 환경이 달라진 것도 트럼프가 이번에는 시구자로 나서게 될 가능성이 높은 이유로 분석된다.

메이저리그 30개 구단은 대부분 대도시를 연고로 하고 있다. 2024년 월드시리즈에서 대결했던 LA 다저스와 뉴욕 양키스를 비롯해 이른바 빅마켓 구단은 물론이고, 상대적으로 작은 규모의 도시라고 하더라도 미국에서는 대부분 대도시에 메이저리그 야구단이 존재한다. 미국의 50개 주 가운데 28주에서는 한 번도 메이저리그 야구팀이 존재한 적이 없다. 앨라바마와 아칸소, 아이다호와 켄터키, 루이지애나와 미시시피, 노스다코다와 오클라호마, 사우스다코타와 테네시, 웨스트버지니아와 와이오밍 주는 한 차례도 메이저리그 구단이 존재한 적이 없는, 메이저리그와 인연이 없는 주다.

위에 언급한 주는 모두 2024년 대통령 선거에서 트럼프에 대한 지지율 60%를 넘긴 트럼프를 열열하게 지지하는 지역이란 공통점을 갖고 있다. 반면 캘리포니아 지역을 비롯해 이른바 대도시에서는 전통적으로 트럼프의 인기가 낮은 편이며, 트럼프에게 적대적인 지역이다. 메이저리그 구단이 대도시에 몰려있는 점을 생각하면 트럼프가 왜 메이저리그 시구를 거부했는지를 추측할 수 있을 것이다.

그렇다면 트럼프가 메이저리그 시구를 하게 된다면 어떤 지역이 될 것인가? 가장 유력한 구단은 바로 필라델피아다. 필라델피아는 2024년 시즌 메이저리그 포스트시즌에 진출한 강팀이며, 야구팬들이 열광적인 응원을 보내기로 유명한 지역이다. 또한 워싱턴 D.C.에서도 가깝다. 무엇보다 지난 2020년 대통령 선거에서는 민주당을 지지했지만, 이번 선거에서는 트럼프가 50.4%의 지지율로 48.6%를 얻은 민주당을 제치고, 우세를 탈환한 지역이다.

펜실베이니아는 19장의 선거인단이 걸린 지역으로 이번 대선에서 최대 승부처로 꼽혀왔다. 비록 압도적인 승리는 아니었지만, 상징적인 의미가 있는 지역이라는 점, 그리고 우승 후보인 필라델피아 필리스 구단의 야구 열기까지 모든 조건을 갖추고 있다. 무엇보다 필라델피아는 트럼프가 스카우트 제의를 받은 적이 있다고 알려져 있는 두 곳의 메이저리그 구단 중 한 곳이기 때문이다.

2015년 대통령 출마를 선언한 이후 트럼프가 고교 시절 야구 선수로 활약했으며 필라델피아와 보스턴으로부터 영입 제의를 받았다는 사실이 전해진 바 있다. 물론 트럼프가 진짜로 메이저리그 구단에 입단할 실력이었는지는 의문이지만, 이런저런 인연을 고려하면 필라델피아는 트럼프의 첫 시구 지역으로 완벽한 지역으로 평가된다.

플로리다 역시 좋은 선택이 될 수 있다. 플로리다는 트럼프의 자택이 위치한 지역이며 과거에 비해 공화당 지지가 가파르게 올라간 곳이기도 하다. 또한 탬파베이 레이스의 홈구장인 트로피카나 필드는 올가을 태풍 피해로 지붕이 날아가는 등 피해가 컸다. 자신의 정치적 고향이자 피해 지역이라는 점에서 플로리다 지역 역시 트럼프가 시구를 할만한 장소로 충분한 조건을 갖추고 있다.

시구자가 정해져 있음에도 불구하고, 불쑥 시구자로 내정되었다는 말로 설화를 일으켰던 트럼프가 멋진 시구를 통해 과거의 잘못을 만회할 기회를 살릴 수 있을지, 메이저리그에서 스카우트 제의를 받았다는 트럼프의 야구 실력을 이번에는 감상할 수 있을지 기대된다.

02

Rage

분노

- 백악관을 거부한 NBA, 흑백 갈등 상징

- FIFA와의 밀월 관계, 북중미의 월드컵 전망

- IOC와의 갈등, 불안한 LA 올림픽

- 여성 스포츠 모욕 논란, 트럼프 시대 성 소수자 인권

Rage (분노)

트럼프는 축구의 인기가 그리 높지 않은 미국의 대통령이지만, 국제축구연맹(FIFA)과는 매우 친밀한 관계를 유지하고 있다. 반면 국제올림픽위원회(IOC)에 가장 많은 중계권료를 내는 나라인 미국의 대통령이면서도 트럼프는 IOC와 사이가 좋지 않다. 그런데 2026년 북중미 월드컵과 2028년 LA 올림픽은 모두 트럼프 대통령이 지휘한다. 과연 지구촌 최대 축제는 원만히 열릴 수 있을까?

백악관을 거부한 NBA, 흑백 갈등의 상징

2024년 11월 임기를 두 달 남긴 바이든 대통령은 관례대로 2024년 NBA 챔피언인 보스턴 셀틱스 선수들을 백악관으로 초청

했다. 바이든은 "너희들 셀틱스 맞지?"라며 물은 뒤 "그들은 방금 나타났어요, 도대체 어디서 왔는지 모르겠습니다."라는 농담으로 연설을 시작했다. 이어서 대통령 재임 기간 자신의 미국 비밀경호국의 코드가 '셀틱'이었다는 사실을 처음으로 공개하며 뒤에 있는 셀틱스 선수들에게 축하를 전하며 "백악관 초청 행사는 사람들을 하나로 모으는 스포츠의 힘을 기념하는 멋진 전통의 일부입니다. 챔피언들은 공통점이 있습니다. 노력과 팀워크, 존중, 우리가 함께 있을 때 누구도 우리만큼 훌륭할 수 없습니다."라고 말했다. 이에 선수단은 박수로 화답했다.

2023년 우승팀인 골든스테이트 워리어스의 간판스타 스테픈 커리는 백악관 행사에서 바이든과 함께 입장해, 선수단을 바이든에게 소개했다. 커리는 미국의 46대 대통령인 바이든에게 등번호 46번이 새겨진 골든스테이트 워리어스의 유니폼을 선물했다. 바이든 대통령은 "골든스테이트 워리어스는 지금 백악관에서는 언제나 환영받습니다."며 트럼프 대통령 재임 기간 백악관 행사가 취소된 것을 비꼬았다. 골든스테이트 워리어스는 "멈추지 않고 움직이고, 개인의 자유와 개성이 한 팀으로 뭉쳐 있다. 이런 플레이가 미국을 반영하고 있다."라는 찬사를 보냈다.

골든스테이트 워리어스는 지난 2017년에 우승을 하고도 백악관으로부터 초대받지 못했다. 트럼프 대통령의 첫 번째 재임 기간에, 스테픈 커리와 르브론 제임스 등 NBA 최고 선수를 비롯해 NBA 선수들 대부분은 인종 차별적인 말을 자주 하는 트럼프에 대한 반감을 노골적으로 드러낸 바 있다. 실제 트럼프가 재임하던 기간 동안 NBA 선수들의 백악관 방문 행사는 한 번도 열리지 않았다. WNBA도 마찬가지였다. 트럼프는 첫 임기 동안 모든 WNBA 챔피언을 포함해 여자부 우승팀을 초청하지 않았다. 트럼프의 첫 임기 동안 백악관 초청을 받은 미국프로풋볼리그(NFL)의 팀은 뉴잉글랜드 패트리어츠와 필라델피아 이글스 두 팀뿐이었다. 뉴잉글랜드는 2017년과 2019년에 두 차례 초청을 모두 수락했지만, 필라델피아 구단은 트럼프에 대해 반대하며 백악관 초청에 응하지 않았다.

유일하게 트럼프에게 우호적인 곳은 대학 미식축구였다. 미국프로풋볼리그(NFL)에 못지않은 인기를 누리는 대학 미식축구 우승팀은 트럼프 재임 기간 내내 모두 백악관에 방문해 우승 축하 행사에 참여했다.

트럼프 시대에 반쪽짜리 행사로 전락했지만, 미국 스포츠 챔피언의 백악관 방문은 오랜 역사와 전통을 갖고 있다. 프로스포츠가 시작되기도 전인 1865년, 앤드류 존슨 대통령이 미국 아마추어 야구단 2팀을 백악관으로 초청한 것이 첫 시작이었다.

브룩클린 애틀레틱스는 아마추어 야구 우승팀이었고, 워싱턴 내셔널스는 존슨 대통령이 좋아하는 팀이었다. 프로리그 우승팀이 백악관을 찾은 건 1924년 프로야구 메이저리그 정상에 오른 워싱턴 세네터스가 처음이었고, 미국 프로농구는 1963년 보스턴 셀틱스, 미국프로풋볼리그에서는 1980년 피츠버그 스틸러스가 영광의 주인공이 되었으며, 북미 아이스하키리그 NHL의 우승 축하 행사는 1983년 뉴욕 아일랜더스가 처음이었다.

백악관 초청 행사는 미국을 대표하는 4대 프로스포츠에 국한되지 않는다. 올림픽 출전 선수들은 1961년 이후 언제나 백악관의 환영을 받았고, 리틀 야구 월드시리즈에서 우승을 차지한 어린이들 역시 챔피언 자격으로 1992년부터 백악관을 찾고 있다.

프로스포츠만큼 높은 인기를 자랑하는 대학 스포츠의 우승팀은 역대 백악관 초청 행사를 빛내온 단골손님이라고 할 수 있다. 코네티컷 대학의 여자 농구 감독인 지노 아우리엠마는 백악관에 방을 갖고 있다는 말을 듣기도 했다. 코네티컷 대학은 오바마 대통령 재임 기간 동안에 무려 5번이나 우승을 차지해 백악관 초청 행사를 5번이나 경험했다. 오바마 대통령은 아우리엠마 감독에게 아마도 백악관에 방이 있을 것이라는 농담을 건넸고, 아우리엠마 감독은 사실 침실이 하나 있다고 대답하기도 했다.

대통령 초청 행사는 대부분 화기애애한 분위기 속에서 치러진다. 대통령과 선수가 캐치볼을 하기도 하고, 미식축구의 패스 동작을 보여줄 때도 있다. 부시 대통령이나 오바마 대통령처럼 스포츠를 좋아하는 대통령일 경우는 더욱 그렇다.

실제 시카고 컵스의 팬인 오바마 대통령은 시카고 컵스가 2016년 이른바 '염소의 저주(((Curse of the Billy Goat)'를 깨뜨리며 108년 만에 우승을 차지하자 2016년 11월 곧바로 백악관에 초청하기도 했다. 평소처럼 다음 시즌 초에 행사가 열리면 오바마 대통령의 임기가 끝난 후이기 때문이다. 1963년 NBA 우승팀 자격으로 백악관에 방문한 보스턴의 팀 샌더스는 존 F. 케네디 대통령에게 "긴장하지마, 친구."라는 말을 한 것으로 유명하며, 레이건 대통령은 1987년 인조 잔디 구장을 쓰는 미네소타 트윈스를 초청한 자리에서 "이곳 워싱턴으로 다시 이사오고 싶다면 여기 백악관에는 인조 잔디가 없고, 천연 잔디만 있다는 사실을 명심하라."고 말한 적이 있다. 1960년 워싱턴에서 인조 잔디로 구성된 미네소타 구장으로 연고지를 옮긴 사실을 떠올리며 한 재치 있는 농담이었다. 부시 대통령은 2008년 메이저리그 보스턴 레드삭스의 우승 환영 행사에 강타자 매니 라미레즈가 보이지 않자 "내 생각에는 매니 라미레즈의 할머니가 또 돌아가신 것 같네요."라는 말을 남겼다. 스프링 캠프 기간에 어머니가 아프다는 이유로 훈련에 불참했던 사실을 떠올린 미국식 농담이었다. 당시 매니 라미레즈는 동료들과 함께 백악관에 방문했지만, 대통령이 연설하는 동안에는 보이지 않았는데, 알고 보니 대통령의 개와 백악관 뒷마당에서 놀고 있었던 것으로 밝혀졌다. 농구 황제 마이클 조던은 골프 약속을 이유로, 부시 대통령의 백악관 초대에 불참해 참가한 선수들보다 더 큰 주목을 받기도 했다.

이처럼 많은 화제를 낳은 스포츠 챔피언의 백악관 초청 행사가 1기 트럼프 시대에는 거의 열리지 않았지만, 2025년 1월부터 시작되는 트럼프 2기에는 보다 활성화될 가능성이 높다. 챔피언 초청 대상을 확대할 가능성도 있다. 종합격투기 UFC의 열성팬인 만큼 UFC 챔피언이 백악관에 등장할 수도 있다. 실제 UFC는 트럼프를 지지해 왔으며, 2024년 열린 UFC 309에서 승리한 헤비급 챔피언 존 존스는 트럼프의 앞에서, '트럼프 댄스'를 선보여 스포츠계에서 '트럼프 댄스'가 확산되게 만든 주역이다.

골프광으로 유명한 트럼프여서 골프 선수가 초청 대상에 추가될 가능성도 크다. 과거 타이거 우즈 같은 슈퍼스타는 없지만 2024년 미국프로골프투어(PGA)에서는 미국의 스코티 셰플러가 1위, 젠더 쇼플리가 2위를 기록하고 있다. PGA 메이저 대회에서 우승한 미국 선수라면 백악관의 초청 리스트에 이름을 올릴 충분한 자격을 갖고 있다. 미국 여자프로골프투어(LPGA)는 넬리 코르다가 2024년에만 무려 7승을 거두며 압도적인 1위를 이어가고 있다. 그동안 여성 스포츠에 인색했던 트럼프이기에 코르다는 이미지 개선을 위해서 아주 효과적인 초청 대상이 될 수 있다.

아마도 여성 스포츠팀 가운데, 트럼프가 가장 초대하고 싶은 선수는 여자 농구의 인기를 주도하고 있는 케이틀린 클락일 것이다. 클락은 아이오와 주립대를 졸업하고 WNBA 인디애나 피버에서 뛰고 있는 선수로, 대학 시절부터 미국 여성 스포츠를 대표하는 슈퍼스타로 떠올랐다. 클락은 2024년 3월 통산 3667점을 기록해 NCAA 남녀 통산 최다 득점 기록을 달성했다. 최종 기록은 무려 3951점이었다. 비록 팀이 NCAA 우승을 차지하지는 못했지만 아쉽게 우승을 놓친 비운의 이야기까지 보태지면서 클락의 위상은 더욱 높아졌다. NBA 역대 최고의 슈터인 스테픈 커리와도 3점 숏 대결을 펼칠 정도로, 클락은 미국 스포츠를 대표하는 선수가 되었다. WNBA 첫 시즌에 우승은 실패했지만, 클락의 인기는 여자프로농구를 변화시키고 있다. 클락의 소속팀인 인디애나 피버는 평균 관중 1만 7천명을 기록해 같은 연고지인 NBA 인디애나 페이서스를 능가했다. TV 시청률과 관중 동원, 그리고 용품 판매 모두 3배

나 증가했다. 실력과 외모를 겸비한 클락의 등장은 남자보다 저평
가되었던 미국 스포츠의 새로운 트렌드를 이끌고 있다.

현 WNBA 챔피언인 뉴욕 리버티는 2025년 5월 백악관 방문 예
정이지만, 초대를 받아들이지 않을 것으로 보인다. 뉴욕 리버티를
대표하는 브레나 스튜어트가 트럼프 반대 시위에 직접 참여할 정
도로 트럼프를 싫어하는 대표적인 선수이기 때문이다. 반면 케이
틀린 클락은 정치적인 의지를 드러낸 적이 없으며 트럼프는 클락
에 대해 "믿을 수 없을 정도로 뛰어난 선수다. 그녀의 활약을 지켜
봐 왔는데, 그녀는 NBA에서도 통할 것 같다. 정말 대단하다."라고
평가했다. 트럼프는 재임 기간에 클락이 팀을 우승으로 이끌기를
기대할 것이다. 역대 최고의 여성 스포츠 스타로 꼽히는 클락과의
만남은 새로운 세대와 여성을 상대로 큰 효과를 발휘할 가능성이
높기 때문이다.

클락의 우승 못지않게 미국프로풋볼리그(NFL)의 캔자스시티 치
프스가 슈퍼볼 우승을 차지하면 흥미로운 상황이 발생하게 된다.
캔자스시티의 트래비스 켈시는 선수로서도 유명하지만, 최고의 팝
스타 테일러 스위프트의 남자 친구로 더욱 잘 알려져 있는데, 스위
프트가 대표적인 민주당 지지자이기 때문이다. 실제 트럼프는 소
셜 미디어를 통해 "나는 테일러 스위프트를 싫어한다."라는 글을

올릴 정도로, 스위프트는 천하의 미국 대통령이라도 무시할 수 없는 문화 권력으로 통한다. 객관적인 전력에서 우승 후보로 평가되는 캔자스시티의 슈퍼볼 우승 여부는 이런저런 사연들과 함께 큰 흥미를 끌고 있다. 미국의 문화로 정착된 백악관의 챔피언 초청 행사는 트럼프 2기에선 첫 번째 임기보다 훨씬 많은 이야기가 탄생할 것이다.

트럼프의 첫 번째 챔피언 초대는 2025년 1월 미국 대학 미식축구 우승팀이다. 대학 미식축구 우승팀은 트럼프 1기 시절 모두 백악관 초청 행사에 참여한 대표적인 친트럼프 진영이다. 대학 스포츠를 시작으로, 앞으로 4년간 트럼프와 스포츠계는 백악관 행사를 놓고 더욱 뜨겁게 대립할 수도, 화해 분위기로 바뀔 수도 있다. 결과에 상관없이 트럼프 2기의 챔피언 초청 행사는 더욱 큰 화제를 남기게 될 것이다. 어쩌면 생각지 못한 새로운 트럼프 댄스나 예상을 벗어나는 멋진 농담을 듣게 될 수도 있다.

FIFA와의 밀월 관계, 북중미 월드컵 전망

2022년 카타르 월드컵에서 축구 황제 메시에게 월드컵 우승 트로피를 전해준 카타르의 국왕 하마드 알타니는 우승컵과 함께 아랍 전통 의상이자 평소 자신이 착용하는 '비슈트'를 선물해 눈길을 끌었다. 그동안 소속팀과 대표팀에서 수많은 업적을 달성하고도 월드컵 우승과 인연을 맺지 못했던 메시의 대관식과 너무나 잘 어울리는 의상이었다.

2018년 러시아 월드컵에선 푸틴 대통령이 프랑스 선수들에게 월드컵을 수여했고, 2014년에는 브라질의 대통령 호세프가 우승팀 독일에 월드컵 트로피를 건넸다. 호세프 대통령은 브라질 월드컵을 위해 110억 달러를 쏟아부어 많은 비난을 받았고, 월드컵 개막전에 참석했다가 관중들의 야유까지 들은 뒤, 월드컵 우승 시상을 하지 않겠다고 밝혔지만, 브라질 팀의 선전으로 여론이 좋아지자, 독일과의 준결승전을 하루 앞두고 말을 바꿨다. 그는 개최국 브라질 대통령 자격으로 결승전을 관람하고, 브라질 국민이 환호하는 가운데 브라질 선수단에 우승 트로피를 수여해 여론을 우호적으로 바꾸겠다는 구상이었지만, 전혀 예상하지 못한 결과로 이어지고 말았다.

홈 관중들의 일방적인 응원을 받는 브라질이 준결승에서 독일에 무려 7대 1이라는 축구 왕국 브라질로서는 상상도 할 수 없는 점수 차이로 패하고 만 것이다. 독일전 패배 이후 월드컵에 대한 반대 여론이 급증했고, 월드컵 우승 시상식은 브라질에 7대 1이라는 굴욕을 선사한 독일 선수들을 축하하는 모양새가 되고 말았다.

2026년 FIFA 월드컵은 미국과 캐나다, 멕시코가 공동 개최하는 북중미 월드컵이다. 총 80경기 가운데 미국에서 60경기가 펼쳐지고 8강전 이후는 모두 미국에서만 경기가 열린다. 사실상 미국 월드컵에 가까운 2026년 월드컵 우승 트로피를 과연 트럼프가 전해 주게 될 것인가? 최근 월드컵 트로피를 우승국에 전해준 사람은 모두 개최국 국가원수여서 당연히 트럼프가 미국 대통령 자격으로 우승 세리머니에 동참할 것으로 생각되지만, 꼭 그렇지만은 않다.

지난 1994년 미국 월드컵을 수여한 사람은 미국 대통령이 아니었기 때문이다. 미국 월드컵 당시 미국 대통령은 클린턴이었는데, 클린턴은 월드컵 결승전 장소에 오지 않았고, 앨 고어 부통령이 우승팀 브라질 선수들에게 트로피를 수여했다. 1994년 미국 월드컵은 평균 관중 6만 명을 넘기는 성공적인 대회였다. 축구 인기가 상대적으로 떨어지는 미국에서 열렸지만, 대회 열기는 생각보다 훨씬 뜨거웠다. 미국에 거주하는 이민자들에게는 축제의 무대가 되었고, 평소 축구에 관심이 적었던 미국인들에게도 축구의 인기를 실감할 수 있는 대회였다.

하지만 당시 클린턴 행정부는 월드컵을 그리 중요하게 생각하지 않았다. 축구라는 스포츠에 익숙하지 않은 데다, 1994년 미국 월드컵은 1988년 7월 레이건 대통령 때 유치한 대회였기 때문이다. 반면 2026년에 열리는 북중미 월드컵은 트럼프 대통령 재임 기간인 2018년 6월 개최가 확정된 대회이다. 2026년부터 대회 출전국이 48개국으로 증가하면서 공동 개최 필요성이 높아진 가운데, 미국 축구협회는 캐나다-멕시코와 연합해 공동 개최안을 제출했으며 이 과정에서 트럼프 대통령의 승인을 얻었다.

첫 번째 임기가 끝난 뒤, 연임을 노렸던 트럼프는 '2026년 월드컵에는 내가 없겠지만'이라는 말과 함께 '2026년 월드컵 유치를 축하합니다.'라고 밝힌 바 있는데, 연임 실패 이후 2024년 재선에 성공하게 되면서, 마치 운명처럼 2026년 월드컵을 대통령 자격으로 맞이하게 되었다. 축구 인기가 높지 않은 미국 대통령과 국제축구연맹 FIFA 회장은 별 관계가 없을 것으로 생각하기 쉽지만, 예상외로 트럼프 대통령은 국제축구연맹(FIFA)의 인판티노 회장과는 각별한 관계여서 더욱 눈길을 끈다. 인판티노 회장은 2024년 11월 미국 대통령 선거에서 트럼프가 당선된 뒤, 트럼프와 함께 축구공을 안고 웃고 있는 과거 사진을 SNS에 공개했다. "축하드립니다. 우리는 미국에서 멋진 2026 FIFA 월드컵과 2025 FIFA 클럽 월드컵을 치를 것입니다."라는 메시지도 함께 덧붙였다.

인판티노는 2020년 1월 트럼프의 탄핵 심판 기간에도 트럼프에 대해 강력한 지지를 표명한 바 있다. 트럼프 역시 인판티노를 '나의 위대한 친구'라고 부를 정도로, 두 사람은 생각보다 친밀한 관계를 유지하고 있다. 트럼프와 인판티노의 관계를 생각하면 2026 FIFA 월드컵이 성공적인 대회가 될 가능성이 높긴 하지만, 정치인 트럼프의 그간 행적을 고려하면 트럼프에게 2026년 월드컵은 악재로 작용할 우려도 크다.

월드컵은 세계의 눈과 귀가 집중되는 대회이고 지구촌 축제의 스포츠 무대이다. 그것도 세계 최강국인 미국에서 열리는데다, 대통령이 트럼프라면 더욱 뜨거운 관심을 받으며 치러질 가능성이 높다. 트럼프의 말 한마디 한마디가 여러 가지 해석을 낳을 것이고, 트럼프의 과거 발언과 함께 정치적으로 과잉 해석될 우려도 높다. 스포츠를 스포츠 자체로 보는 것이 아니라, 스포츠를 통해 분열의 씨앗을 뿌리면서, 상대에 대한 공격 수단으로 활용해 온 트럼프의 방식은 월드컵에서도 그대로 적용될 우려가 크다. 보편적이고 국제적인 가치에 반하는 트럼프의 신념은 세계가 주목하는 월드컵에서 큰 문제가 될 수 있다. 특히 2026년 월드컵은 미국과 함께 캐나다, 멕시코가 공동 개최한다는 사실이 변수로 떠오르고 있다.

일례로 트럼프는 이민자들에 대해 적대적인 발언을 계속해 왔다. 특히 국경을 마주하고 있는 멕시코 이민자에게 민감한 반응을 보여왔다. 멕시코 국경을 따라 장벽을 건설할 것을 요구했고, 향후에도 불법 이민을 막기 위해 강경한 이민 정책을 추진할 계획이다. 멕시코가 월드컵 공동 개최국인 만큼 월드컵 기간 미국과 멕시코는 많은 교류를 할 수밖에 없다. 멕시코 사람들이 월드컵 준비나 응원을 위해 미국 국경을 넘는 것에 대해 트럼프 대통령이 어떤 반응을 보이느냐에 따라 두 나라의 관계가 최악의 상황으로 치닫게 될 수도 있다.

2026년 월드컵은 48개국이 출전하는 대회여서 인종 문제가 발생할 가능성이 더욱 크다. 트럼프는 과거 인종 차별적인 언행으로 여러 차례 구설수에 오른 적이 있다. 2024년 2월 대선 후보 유세 도중에는 "무대 조명이 너무 밝아 백인은 안 보이고 흑인들만 보인다."라는 말을 했는데, 트럼프는 나름 분위기를 부드럽게 만들기 위한 '조크'라고 생각하겠지만, 받아들이는 사람에겐 모욕적인 언사로 느껴지는 경우가 대부분이다. 2023년 8월에는 대통령 최초로 범죄자 대상 사진인 '머그샷'을 찍은 사실을 거론하면서 "흑인들이 나의 머그샷이 새겨진 셔츠를 팔고 있는데, 수백만 개가 판매되었다."라는 이해하기 힘든 언행을 이어가기도 했다.

과거 미국 스포츠 경기를 본 뒤 활발하게 SNS에 자신의 견해를 올렸던 트럼프는 2026년 월드컵 기간에도 월드컵 경기 내용에 관련된 예상치 못한 물의를 일으킬 가능성이 크며, 이는 단순한 미국 내의 문제가 아니라, 국가 간의 문제로, 크게는 반미 감정으로 비화 될 수도 있다.

실제로 축구는 인종 차별 논란이 가장 많이 나오는 스포츠다. 흑인들이 많은 미식축구나 미국프로농구 NBA에서는 노골적인 인종 차별을 보기 힘들고, 중남미나 아시아 선수들을 비롯해 다양한 인종이 경쟁하는 메이저리그 야구에서도 인종 차별 문제는 크게 부각된 적이 없다. 반면 축구에서는 대회 때마다 극심한 인종 차별 논란에 휩싸여 왔다.

2022년 카타르 월드컵에서 독일의 뤼디거는 열심히 뛰는 일본 선수를 상대로 껑충껑충 뛰는 동작을 해서 인종 차별적인 행동이라는 비판을 받았다. 아프리카계로 독일 국가대표인 뤼디거는 항상 인종 차별의 피해자를 자처해 왔기 때문에 더 충격적이었다. 그

의 행동이 설령 인종 차별이 아니라고 하더라도, 상대에 대한 존중
이 없다는 비판을 피할 수 없게 되었다.

그동안 축구에서는 관중들이 흑인이나 동양 선수를 상대로 바나
나를 던지거나 골을 넣은 동양 선수에게 "볶음밥" "DVD"를 외치
기도 했다. 우리나라의 황희찬 선수에게 '재키 챈'이라고 부른 선
수 역시 명백한 인종 차별로 거센 항의를 받았다. 중남미 선수들의
경우 우리나라를 비롯해 동양권 국가와 경기할 때 골을 기록한 뒤
골 세리머니로 눈 찢는 동작을 해서 물의를 빚은 적이 꽤 있다. 잉
글랜드 축구 토트넘의 우루과이 출신 벤탄쿠르는 팀 동료이자 주
장인 손흥민을 상대로 어이없는 차별 행동을 해 물의를 빚었다.

2024년 6월 우루과이 방송에 출연해 벤탄쿠르는 진행자가 손흥
민의 유니폼을 요청하자 "손흥민의 사촌 유니폼을 가져다줘도 알
수 없다. 손흥민이나 사촌이나 똑같이 생겼기 때문이다."라고 말
했다. 이 발언은 동양인은 모두 똑같이 생겼다는 의미를 지닌 명백
한 인종 차별이었기에 큰 물의를 빚었다. 결국 잉글랜드축구협회
로부터 7경기 출장 금지에 10만 파운드의 징계를 받았지만, 소속
팀의 포스테코글루 감독은 벤탄쿠르가 좋은 사람이라며 벤탄쿠르
를 옹호하면서 우리나라 팬들이 강하게 반발했다.

이처럼 축구에서 발생하는 차별적인 행동이나 말로 인해 많은

논란이 이어져 왔으며, 월드컵에선 더욱 큰 사건으로 이어질 가능성이 크다. 이런 논란에 트럼프가 가세하게 된다면 월드컵은 자칫 정치적인 공세 현장으로 바뀔지도 모른다.

여러 우려 속에서도 누구보다 주목받기를 좋아하는 트럼프 대통령은 1994년의 클린턴과는 달리 직접 월드컵 우승 트로피를 전해줄 가능성이 높다. 2022년 카타르 국왕이 메시에게 준 의상처럼 뭔가 강렬한 인상을 남기는 선물까지 전할 것으로 예상된다. 2022년 카타르 국왕도 월드컵의 주인은 선수인데, 본인이 돋보이기 위한 선물이란 지적을 받기도 했다. 트럼프라면 그동안 누구도 생각하지 못한 특별한 선물을 준비할 것이다. 월드컵 우승 트로피를 주는 장면은 미국 대통령 당선 순간보다 더 많은 사람이 지켜보는 순간이기 때문이다. 누구보다 자기애가 강한 트럼프는 어쩌면 축구 선수들보다 간절한 마음으로 2026년 월드컵을 기다리고 있을지도 모른다.

IOC와의 갈등, 불안한 LA 올림픽

2028년 7월 14일 미국 LA의 메모리얼 콜로세움에서 역사적인 LA 올림픽이 개막된다. 개회 선언은 미국의 47대 대통령인 도널드 트럼프가 맡게 된다. 트럼프는 개최지 선정과 개회 선언을 동시에 수행하는 사상 최초의 대통령으로 남게 될 것이다.

미국 대통령 가운데 최초로 올림픽 개회 선언을 담당한 대통령은 로널드 레이건 대통령이었다. 레이건은 지나친 상업화 논란 속에서도 최초의 흑자 올림픽을 이끌면서, 1984년 올림픽을 역대 최고의 대회로 만들었다. 하지만, 1984년 LA 올림픽의 개최지 선정은 1978년 전임 지미 카터 대통령 시절에 이뤄진 것이다. 빌 클린턴 대통령의 개회식과 무하마드 알리의 감동적인 성화 점화로 깊은 인상을 남긴 1996년 애틀랜타 올림픽은 1990년 조지 H. 부시 대통령 재임 기간에 획득한 성과이며, 클린턴 대통령 시절인 1995년 유치에 성공한 2002년 솔트레이크 동계올림픽의 개회 선언은 조지 W. 부시 대통령이 담당했다.

올림픽 개최지 선정과 실제 대회 기간은 보통 7년의 차이가 나게 된다. 2028 LA 올림픽은 이례적으로 11년 전인 2017년에 개최지 선정이 이루어졌다. 올림픽을 놓고 파리와 경쟁하던 LA가 1924년 파리 올림픽 100주년 해인 2024년 올림픽을 파리에 양보하는 대신, 2028년 올림픽을 LA에서 유치하는 것으로 합의했기 때문이다. 이런 특별한 상황이 겹친 데다, 2024년 재선에 성공하면서 트럼프 대통령은 올림픽 개최와 실제 올림픽을 모두 담당하는 행운을 안게 되었다.

사실 이렇게 되리라고는 트럼프 대통령조차 생각하지 못했다. 1기 트럼프 대통령 임기의 마지막 해인 2020년, 트럼프는 LA 올림픽이 환상적인 쇼가 될 것이라며, 2028년이 다가올 때 주최 측이 자신을 기억할 필요가 있다고 말하면서, 적어도 나에게 좌석 하나는 달라고 농담을 하기도 했다. 당시 트럼프는 연임에 도전 중이었기 때문에 2028년 LA 올림픽에 대통령을 맡을 것이라고는 예상하지 못한 것이다.

이 모든 요소를 생각하면 트럼프와 LA 올림픽은 환상의 조합이 될 것 같지만, 실제로 트럼프가 당선되면서부터 LA 올림픽에 대한 우려가 터져 나오고 있다. 트럼프의 당선을 축하하는 메시지를 올린 국제축구연맹(FIFA)과는 달리, 국제올림픽위원회(IOC)는 트럼프와 좋은 관계를 맺지 못하고 있으며 적대적인 관계에 더 가깝다고 할 수 있다.

토마스 바흐 IOC 위원장은 2017년 6월 백악관을 한 차례 방문했는데, 이를 통해 둘 사이는 친밀감을 쌓은 것이 아니라 더욱 나빠진 것으로 알려졌다. 2018년 평창 동계올림픽이 끝난 뒤 미국 올림픽 선수단을 백악관으로 초대했지만, 스키의 간판스타인 린지 본과 피겨스케이팅에서 동성애자임을 커밍아웃한 아담 리폰은 불참했다. 트럼프는 2024년 파리 올림픽 기간에도 올림픽에 대한 여러 불만을 이야기했다. 2024년 파리 올림픽 개막식에 대해 일부 기독교인들이 신성모독이라고 비판하자, 트럼프는 개막식을 불명예로 규정하고 2028년 LA 올림픽에서는 신성모독적인 내용이 나오지 않도록 하겠다고 약속했다. 또한 논란이 된 여자 복싱 선수들이 사실 남성이라며, 남성을 여성 스포츠에서 배제하겠다고 이야기해 국제올림픽위원회의 반발을 사기도 했다.

LA는 전통적으로 확실한 민주당 우세 지역으로 트럼프에 대한 반대가 강한 대표적인 도시이다. LA시를 이끄는 LA 시장과 트럼프 대통령의 관계도 좋지 않다. 올림픽 개최는 원칙적으로 도시에서 담당하지만, 점점 커지는 올림픽 규모를 고려하면 시 예산만으로 치르기는 어렵기 때문에 정부의 도움이 필수적이다. 미국 역시 연방정부의 협조가 필수적인데 트럼프와 LA시의 관계는 좋지 않다. LA 시장인 캐런 배스는 트럼프를 인종 차별주의자라고 부르며 강한 적대감을 나타내 왔다. 본격적인 대회 준비에 들어가게 되면 2028년 올림픽 조직위원회와 백악관 사이에 여러 사안을 두고 논쟁이 벌어지는 것은 불을 보듯 뻔한 일이다.

비록 2028년 LA 올림픽이 당시 대통령이던 트럼프의 승인 아래 개최지 선정에 뛰어들었지만, LA시와 트럼프 대통령은 사회를 바라보는 시각이 아주 많이 다르다. 예를 들면 LA는 벌써부터 2028년 올림픽을 차 없는 친환경 올림픽으로 치르겠다고 이야기하고 있다. 하지만, 차 없는 친환경 올림픽과 기후 위기는 실제 위기가 아닌 과대 포장된 것이란 견해를 갖고 있는 트럼프의 철학은 정면으로 어긋난다. 배스 LA시장은 자동차 없는 올림픽으로 친환경의 가치를 실현하겠다고 밝히며 연방정부가 올림픽을 대비해 도시 철도와 버스 등 대중교통의 시스템 개선을 위해 9억 달러의 예산 지원을 약속했다고 밝혔지만, 이는 같은 민주당인 바이든 대통령 시절의 일이다. 자동차 없는 미국인의 삶은 상상할 수 없으며 기후 위기는 가짜라고 주장해 온 트럼프 대통령이 과거 예산을 전액 승인할 가능성은 낮은 편이다.

'차 없는 친환경 올림픽' 관련 논란은 LA 올림픽과 트럼프 대통령의 관계가 순탄치 않을 것임을 암시하는 하나의 상징에 불과하다. 개최 도시는 올림픽을 통해 많은 관광객 유치를 기대하지만, 이민자 문제에 민감한 트럼프 대통령이 올림픽 기간 동안 선수단이나 관광객에 대해서 통제를 완화할 것인지도 불투명하다. 올림픽은 선수단과 임원, 취재진만 수만 명이 참여하며, 관광객 숫자는 수십만 명에 달하는 지구촌 최대의 스포츠 대회이자, 그 어떤 행사와도 비교할 수 없는 최고의 축제 무대이다. 관광 활성화를 위해 비자 면제 또는 완화를 요구하는 LA시와 이민자 증가를 우려하는 트럼프 대통령의 시각은 정면으로 충돌하게 될 가능성이 높다.

올림픽이 열리는 무대가 미국이라는 점을 떠올리면, 2028년 LA 올림픽은 관광객은 물론이고, 선수단이나 기자단 중에서도 불법체류자가 늘어날 가능성이 큰 것은 분명한 사실이다. 실제 국제대회를 불법 거주의 통로로 활용하는 경우가 제법 발생하곤 한다. 우리나라에서도 2007년 창원에서 열린 사격월드컵 당시 키르기스스탄 선수 11명이 집단으로 사라져 불법체류자가 된 사례를 비롯해 단일 종목의 국제대회가 열릴 때마다 잠적하는 선수들이 발생하고 있다.

종합대회인 2014년 인천 아시안게임 기간에는 네팔과 방글라데시, 스리랑카 선수 7명이 잠적하는 등 선수단 통제에 어려움을 겪는 경우가 많았다. 2023년 월드베이스볼클래식(WBC)에서는 쿠바 선수 한 명이 미국에서 잠적하는 사건이 벌어지기도 했다. 쿠바의 포수인 이반 프리에토는 대만에서 열린 1라운드에 정상적으로 출전했고, 일본 도쿄에서 펼쳐진 8강전에도 정상적으로 쿠바 선수단과 함께 생활했다. 문제는 일본에서 쿠바로 돌아갈 때 미국 마이애미를 경유했다는 점인데, 경유지에서 프리에토가 이탈한 것이다. 다른 선수단은 마이애미에서 쿠바 아바나로 돌아갔지만, 프리에토는 공항에서 탈출해 미국 망명을 하게 되었다.

과거 아마야구 최강으로 불린 쿠바에서는 특히 야구 선수들의 미국 망명이 유난히 많았다. 국제대회를 통해 제3국 망명을 선언한 뒤 미국 메이저리그 구단과 자유계약선수 자격으로 계약하는 경우가 유독 많았다. 실제 650명이 넘는 선수들이 쿠바 국적을 버리고 미국 망명을 선택했다. 쿠바 선수들의 잇단 잠적과 망명이 사회 문제가 되자 메이저리그 사무국은 쿠바 야구협회와 선수들이 망명하지 않아도 메이저리그에서 뛸 수 있도록 협약을 맺었지만, 지난 2019년 트럼프 대통령이 이를 무효로 하면서 쿠바 선수들의 망명이 다시 늘어나게 된 것이다.

올림픽을 통한 불법 체류보다 더욱 문제가 되는 건 몇몇 국가가 LA 올림픽을 보이콧하게 되는 상황이다. 1984년 LA 올림픽은 소련을 비롯한 15개 나라가 보이콧을 선언해 반쪽 올림픽으로 치러졌다. 1980년 모스크바 올림픽에 미국이 소련의 아프가니스탄 침공을 이유로 불참한 것에 대한 보복 불참이었다. 과거 미소 냉전의 시대는 종료되었지만, 미국과 중동 관계는 여전히 불안하며 미국에 대한 반대 목소리가 이어지는 상황에서, 미국 우선주의자인 트럼프에 대한 반감은 세계적으로 거센 반미 감정을 불러일으킬 우려를 낳고 있다. '스트롱맨 트럼프'에 맞서 올림픽 보이콧을 하는 나라가 많지는 않겠지만, 향후 국제 정세가 어떻게 진행될지는 아무도 알 수 없다. 세계 유일의 패권국인 미국의 대통령이 바로 트럼프이기 때문이다.

이런 상황에서는 미국과 국제올림픽위원회의 관계가 매우 중요하다. 지금처럼 싸늘한 관계에서는 올림픽을 성공적으로 치르기 어려울 것이다. 다행인 건 토머스 바흐 IOC 위원장의 임기가 곧 종료된다는 점이다. 2013년부터 국제올림픽위원회를 이끌어 온 바흐 위원장은 두 번째 임기가 끝나는 2025년 말 위원장 자리에서 물러나겠다고 밝힌 바 있다.

후임 위원장은 2025년 3월 결정되는데 영국 육상의 스타 선수 출신이자 세계 육상연맹의 회장인 세바스찬 코가 강력한 후보로 떠오르고 있다. 세바스찬 코는 1984년 LA 올림픽 남자 육상 1500미터에서 금메달, 800미터에서 은메달을 획득한 영국의 육상 영웅 출신이다. 세바스찬 코는 2024년 11월 《인디펜던트》와의 인터뷰에서 "1984년 LA 올림픽은 나의 마지막 올림픽이었으며, 당시 레이건 대통령이 올림픽 성공을 위한 최고의 환경을 제공했다. 트럼프 대통령 역시 2028년 올림픽의 대성공을 원할 것이며, 세계를 포용하는 올림픽이 되기를 희망한다."라는 말을 전했다.

트럼프 당선 이후 국제올림픽위원회가 침묵하는 가운데, 차기 IOC 위원장이 유력한 후보가 내놓은 사실상의 트럼프 지지 선언이라고 할 수 있다. 2028년이면 트럼프 대통령은 우리나라 나이로 83세가 된다. 분명 많은 나이긴 하지만 2010년 남아공 월드컵 개막식에서 91세의 나이로 축하 인사를 전한 만델라 대통령의 사례를 떠올리면 나이는 숫자에 불과할 수 있다. 축구를 통해 화해와 평화의 메시지를 전달한 만델라 대통령의 사례를 트럼프 대통령이 꼭 참고하기를 기대한다.

여성 스포츠 모욕 논란, 트럼프 시대 성소수자의 인권

올림픽에서 여자 복싱은 인기 종목이 아닌 비주류 종목이지만, 2024년 파리 올림픽에서는 세계 언론에서 여자 복싱 관련 기사가 쏟아졌다. 남성 염색체를 갖고 여자부 경기에 출전한 알제리의 이마네 칼리프와 대만의 린위팅 관련 뉴스가 연일 지면을 장식했다. 특히 알제리의 칼리프가 여자 66kg급 16강전에서 이탈리아의 카리니를 일방적으로 몰아붙이면서 경기 시작 46초 만에 기권승을 따내자, 논란은 더욱 가중되었다. 카리니가 눈물을 흘리며 "지금까지 복싱을 하면서 이렇게 강한 주먹을 맞은 적이 없다."라고 인터뷰했기 때문이다. 국제올림픽위원회는 알제리의 칼리프와 대만의 린위팅이 남성 염색체를 갖고 있지만, 염색체만으로 성별을 결정지을 수 없다며 이들의 올림픽 출전을 허용했다.

논란이 계속되자 IOC는 "모든 사람은 차별 없이 운동할 권리가 있으며 파리 올림픽 복싱에 출전하는 선수는 지난 대회와 마찬가지로 해당 국가에서 발급한 여권을 기준으로 성별과 나이를 정한다."라고 밝혔다.

이런 국제올림픽위원회의 입장에 대해 트럼프는 2024년 8월 이런 선수들이 올림픽에 나선 건 여성을 모욕하는 것이라고 지적했다. 트럼프는 선거 유세 도중에 돌연 '파리 올림픽에 여성으로 출전한 두 사람이 있는데, 사실 이들은 남자였다. 그들은 여성으로 성전환한 뒤 복싱 경기에 출전했다.'고 하면서, 자신이 당선되면 '남성을 여성 스포츠에서 배제하겠다.'고 약속했다.

이런 공약의 영향 속에 미국 대선을 앞둔 2024년 11월 대학에 소속된 7명의 여성 수영 선수가 트럼프의 선거 유세에 등장해 트럼프를 공식적으로 지지한다고 밝히기도 했다. 로어노크 칼리지 여성 수영팀 선수 7명은 분홍색 티셔츠를 입고 트럼프와 함께 무대에 올랐는데, 티셔츠에는 '여성 스포츠에서 남성을 막아야 한다.'라는 문구가 적혀 있었다. 이들은 여성은 선천적으로 남성에 비해 불리한 신체 조건을 가지고 있는데, 남성들의 참여로 여성들이 불공정한 경쟁에 직면하고 있다고 강조했다.

지난해 로어노크 칼리지 여성 수영팀에 성전환 선수가 합류하려 했지만, 논란 끝에 팀에 합류하지 못한 일이 벌어진 적이 있다. 이 사건을 계기로 로어노크 칼리지의 여성 수영팀은 성전환자의 여성 스포츠 참여에 민감한 반응을 나타내게 된 것으로 보인다. 수영팀 주장인 릴리 멀렌스는 "현재 미국 정부의 정책 때문에 여성 스포츠에서 남성이 경쟁하고 있다면서 이는 명백한 성차별이다."라고 민주당 정부의 정책을 비판하며 트럼프 지지를 호소했다.

트럼프가 미국 대통령으로 당선되면서 여성 스포츠에서 남성을 배제하겠다는 공약이 현실로 다가오고 있다. 트럼프 대통령은 남성과 여성만이 미국 정부가 인정하는 유일한 성별이며, 이는 출생 시에 지정되는 것임을 표명하는 법안을 추진하겠다고 밝힌 바 있다. 또한 미국의 교육 양성평등법을 통해 남성이 여성 스포츠에 참여하는 것을 금지한다는 내용을 명확히 하겠다고 주장했다.

교육 양성평등법에는 연방정부의 재정 지원을 받는 교육 활동은 성별을 근거로 차별을 받지 아니한다고 규정하고 있다. 1972년 제정된 이 법은 학교에서 여성 스포츠 활성화에 많이 공헌했다고 평가되었지만, 지난 2021년 교육부가 '성'을 생물학적인 성만이 아닌, 성적 지향 및 성 정체성을 포함한다는 이행 지침을 발표하면서 논란을 일으켰다. 그동안 성별을 나눠 운영되던 화장실과 탈의실, 기숙사뿐 아니라 스포츠팀의 교육 프로그램도 성전환 학생에게 개방하자는 움직임이 일었기 때문이다.

로어노크 칼리지의 여성 수영팀이 트럼프를 지지하게 된 배경에는 지난 정부에서 추진했던 이런 정책이 영향을 끼쳤다고 볼 수 있다. 미국에서는 최근 성전환을 한 선수가 여성 스포츠에 참여하는 문제로 많은 논란이 발생했다. 과거 남성 팀에서 남성으로 출전했던 리아 토마스가 여성 수영팀에서 기록을 세운 이후, 이 문제는 미국 스포츠에서 주요 논쟁거리로 떠오르기도 했다. 이처럼 미국에서는 성에 관한 논란이 커지고 있는 가운데, 트럼프 대통령은 성전환자에 대해 강경한 자세를 보여왔다.

2025년 취임 첫날부터 성전환자의 군 복무를 금지하는 행정명령에 서명할 것이라는 보도가 나오기도 했다. 여기에는 성전환자의 신규 입대를 금지하고, 현역 성전환 군인을 의료상 부적합자로 분류해 강제로 전역시킨다는 내용을 담고 있다. 트럼프 정부의 피트 헤그세스 국방장관 지명자는 성전환 군인이 기강을 해이하게 하고 여성화된 군 지도부 또한 퇴출해야 한다는 주장을 할 정도로 강경한 입장이어서 이에 반대하는 사람들로부터 큰 비난을 받고 있다.

미국의 성소수자 관련 논쟁은 2026년 밀라노-코르티나담페초 동계올림픽을 앞두고 더욱 고조될 가능성이 높다. 최근 동계올림픽에 출전한 미국 선수단에는 성소수자가 포함되었고, 이들이 본격적으로 목소리를 내왔기 때문이다. 2018년 평창 동계올림픽 피겨스케이팅 남자 싱글과 단체전에 출전한 아담 리폰은 미국 동계올림픽 선수단 최초로 동성애자임을 선언해 미국 사회에 큰 반향을 일으켰다. 미국에선 피겨스케이팅 남자 선수들에 대해 '게이들'이라는 인식이 존재해 왔지만, 커밍아웃한 선수가 올림픽 무대를 밟으면서, 성소수자의 인권에 대한 논란이 더욱 커졌다.

2022년 베이징 동계올림픽에선 사상 최초로 남성도 여성도 아닌 제3의 성을 표방한 미국 선수가 등장해 엄청난 주목을 받기도 했다. 미국 대표로 피겨스케이팅 페어 부문에 출전한 티모시 르두는 금메달을 획득한 중국의 수이웬징 - 한총 조 못지않은 관심을 받았다. 르두는 "내가 여기 있을 수 있는 건 앞서간 많은 위대한 이들 덕분에 가능했다는 것을 잘 안다. 스포츠에서 끝까지 밀고 나간 뛰어난 성소수자들이 많이 있었기에 나는 그들의 어깨 위에 올라설 수 있었고, 나의 성 정체성을 공개할 수 있었다."라는 소감을 밝혀 많은 박수를 받았다.

그동안 차별을 겪어야 했던 성소수자들은 지난 2018년 성 정체성은 질병이나 정신질환이 아니라는 세계보건기구(WHO)의 발표와 2020년 유엔 인권고등판무관실에서 여성과 성소수자에 대한 차별적 조치를 철회하라고 권고하면서 올림픽에 '공식적'으로 참여하게 되었다. 미국의 스포츠 전문 네트워크인《SB Nation》의 집계에 의하면 2020년 도쿄 올림픽에는 역대 올림픽 경기에 사상 최다인 185명의 성소수자 선수가 참여했다. 국제올림픽위원회는 2021년

11월, 성소수자에 대한 차별과 배제를 금지한 새로운 권고안을 발표했다.

이런 움직임의 연장선에서 2024년 파리 올림픽 여자 복싱에 남성 염색체를 가진 선수들이 출전하게 된 것이다. 일부 국가에서는 국제올림픽위원회나 종목별 세계연맹의 정책보다 더욱 혁신적인 성별 조항을 도입하기도 했다. 국제빙상연맹(ISU)은 1950년대부터 피겨스케이팅의 페어와 아이스 댄스에 출전하는 선수들을 '한 명의 여성과 한 명의 남성'으로 규정해 왔으며 같은 성의 선수들이 한 팀을 이루는 것을 금지해 왔다. 그런데 2022년 9월 캐나다 피겨연맹은 페어와 아이스 댄스에 나서는 팀 규정을 '파트너 A와 파트너 B'로 변경했다. 이 규정에 따르면 캐나다 피겨연맹이 주최하는 대회에선 동일 성별이나 제3의 성 선수가 출전할 수 있는 것이다.

캐나다 피겨연맹의 이런 규정은 성소수자의 권리를 보호하는 세계적인 추세를 반영한다. 캐나다 피겨연맹을 시작으로 여러 나라 피겨연맹에서도 이런 방식으로 규정을 바꿀 가능성이 있으며, 다른 종목에도 영향을 미칠 수 있다. 오랜 세월이 지나면 국제빙상연맹(ISU)의 규정까지도 바뀔 수 있다. 현실성이 떨어지는 상상으로 생각될 수 있지만, 올림픽의 역사는 여성과 성소수자의 출전을 장려하는 쪽으로 변해 왔다. 쿠베르탱 남작이 만든 제1회 아테네 올림픽에서는 여성들의 출전이 불가능했다. 처음으로 여성들이 등상했던 제2회 파리 올림픽에서 여성들이 참여했던 종목은 5개였고, 전체 선수 중 여성은 2%에 불과했지만, 2024년 파리 올림픽에서 남녀 비율은 정확히 50%였다. 아무리 트럼프라도 이런 추세를 되돌리기는 쉽지 않아 보인다.

성적 정체성을 이유로 여성 스포츠에서 배제되는 것을 금지한 바이든 정부와는 달리 트럼프 대통령은 여성 스포츠 보호를 명분으로 성소수자에 대해 강경한 자세를 이어가고 있다. 이 문제는 단순한 여성 스포츠의 문제를 넘어 사회적인 가치 추구와 인권의 문제와도 관련이 있기 때문에 논쟁을 피할 수 없어 보인다. 미국의 판례는 성전환자 선수를 학교 스포츠에서 배제하는 것을 금지하고 있으며, 미국인들은 성전환자를 차별하는 것은 옳지 않다는 데 동의하는 편이다. 여성 스포츠 보호를 명목으로 상대적으로 약자인 성전환자에 대한 공격을 통해, 지지자들에게 호소하는 지극히 트럼프다운 방법이라는 주장도 나온다.

물론, 파리 올림픽 여자 복싱에 출전한 선수에 대한 트럼프의 비판은 타당한 지적이어서 많은 사람들의 공감을 얻은 측면이 크다. 실제로 2024년 11월, 파리 올림픽 여자 복싱 66kg급에 출전한 알제리의 칼리프는 고환이 존재하고 자궁이 없기 때문에 생물학적으로 남자라는 의료 보고서가 유출되기도 했다. 이런 극단적인 경우를 제외한다면, 성소수자의 스포츠 참여를 막기는 쉽지 않다. 복싱처럼 남녀의 힘 차이가 명백한 종목과는 달리, 피겨스케이팅의 경우 성전환자의 대회 출전이 반드시 불공정하다고 보기 어려운 측면도 존재하기 때문이다.

시대의 변화와 함께 성역할을 어디까지 규정할 것인지, 개인의 자유를 국가나 정부가 어디까지 규제할 수 있느냐를 놓고, 트럼프 대통령의 임기 내내 관련 논쟁이 이어지게 될 것이다.

03

Ufc

대안

- 망해가던 UFC, 트럼프 매직으로 부활

- 비주류의 성공 신화, 이젠 주류 문화로

- 대통령은 프로레슬러, 명예의 전당에 헌액된 이유

- 가상화폐 대통령 선언, 스포츠의 비트코인 열풍

Ufc (대안)

억만장자이면서도 비주류 정치인인 트럼프, 그의 성공 신화는 종합격투기 UFC의 성공과 매우 닮았다. 한때 스포츠 취급도 받지 못하던 UFC는 이제 세계 스포츠의 중심으로 올라섰고, 처음 대통령 출마를 선언했을 때 비웃음을 사던 트럼프는 이제 두 번이나 미국 대통령 자리에 올랐다. 무시되던 비주류는 어떻게 주류를 이길 수 있었을까?

망해가던 UFC, 트럼프 매직으로 부활

  미국의 47대 대통령으로 당선된 후 열흘 만에 트럼프는 최측근인 일론 머스크와 장남 트럼프 주니어, 보건복지부 장관으로 지명

된 로버트 케네디 주니어를 대동하고 UFC(Ultimate Fighting Championship) 309 대회가 열리는 뉴욕 메디슨 스퀘어 가든에 나타났다. 이 자리에 트럼프는 정치인의 스포츠 관람 역사상 가장 화려한 모습으로, 가장 열렬한 환호를 받으며 등장해 트럼프다운 모습을 극대화했다는 평가를 받았다.

중계 카메라가 실내에서 걸어오고 있는 트럼프의 모습을 비추기 시작하자 경기장에선 환호가 터져 나왔다. 트럼프는 UFC의 회장인 데이나 화이트 회장과 함께 자신감 넘친 모습으로 무대를 향해 나오기 시작했다. 경기를 보러온 정치인의 모습이 아니라, 마치 경기에 출전하는 선수가 등장하는 장면을 연상케 했다. 트럼프가 한 걸음씩 입장할 때 경기장에는 키드 록(Kid Rock)의 히트곡 「아메리칸 배드 애스(American bad ass)」가 흘러나왔고, 2만 명의 관객들은 전쟁에서 살아 돌아온 영웅을 반기는 듯한 모습으로 기립 박수를 보냈다.

관중들의 반응은 그야말로 폭발적이었다. 트럼프의 모습을 담은 깃발을 흔드는 관중의 모습도 보였다. 귀에 총을 맞은 이후 성조기 아래에서 주먹을 불끈 쥔, 암살 시도를 이겨낸 바로 그 트럼프의 모습을 찍은 깃발이었다. 트럼프를 대표하는 구호인 '다시 미국을 위대하게(Make America Great Again)'라고 적힌 모자를 쓴 관중의 모습도 볼 수 있었다. 8각형으로 구성된 옥타곤 링 사이드에 도착한 트럼프는 팟캐스트 진행자이자 장내 인터뷰를 담당하는 조 로건과 포옹을 하면서 오랫동안 이야기를 나누었다.

조 로건은 격투기 분야에서 큰 영향력을 발휘하는 인플루언서이기도 한데, 트럼프를 공개 지지하며 트럼프의 선거 운동에 큰 힘을 보탠 인물이다. 조 로건과 함께 해설을 담당하는 전 UFC 헤비급 챔피언 다니엘 코미어와도 반갑게 인사를 나누었다. 선수가 입장할 때 선수의 경기 하이라이트가 나오는 대형 전광판에는 트럼프의 유세 모습이 등장했고, 관중들은 더욱 큰 함성을 보냈다.

영상의 마지막을 장식한 건 예상대로 '다시 미국을 위대하게(Make America Great Again)'였고, 경기장 조명이 잠시 꺼진 상태에서 전광판 가운데 부분에 '47'이라고 적힌 숫자와 함께 경기장 분위기는 절정으로 치닫게 되었다. 한 치의 오차도 없이 완벽하게 기획된 이번 행사는 오늘의 UFC를 만든 영웅 트럼프를 위한 특별한 무대였다. UFC 309는 라이트 헤비급과 헤비급 2체급을 석권한 챔피언 존 존스와 2번이나 헤비급 챔피언을 역임한 도전자 스티페 미오치치의 대결로 주목받았지만, 이 시합의 진짜 주인공은 바로 트럼프였다.

화려했던 입장 이후에 메인 경기가 펼쳐지는 상황에서도 트럼프의 존재감은 선수 이상으로 돋보였다. 라이트급 챔피언을 지낸 브라질의 찰스 올리베이라와 물러서지 않는 상남자이자 미국을 대표하는 파이터 마이클 챈들러는 트럼프를 두고 대조적인 모습을 보여 흥미를 끌었다.

경기는 예상보다 올리베이라의 일방적인 승리로 끝났는데, 승자인 브라질 출신 올리베이라가 옥타곤 밖으로 나가 환호할 때 트럼프와 마주쳤지만 별다른 동작 없이 그냥 지나친 것과 달리, 패자인 미국의 챈들러는 트럼프에게 반갑게 악수했고, 트럼프는 패한 챈들러를 격려하는 모습이었다. 사실 챈들러는 UFC 선수 중에서도 트럼프의 열렬한 지지자로 알려져 있기에 어쩌면 당연한 장면일 수도 있을 것이다. 트럼프 대통령을 지지하는 대표적인 그룹인 교육 수준이 높지 않은 백인 남성 중 한 명이 바로 챈들러이기 때문이다.

흥미로운 건 UFC 헤비급 챔피언인 존 존스였다. 존스는 트럼프의 강력한 응원군인 UFC 챔피언이기도 하지만, 챈들러와는 달리 흑인이다. 여기에 악동이란 별명처럼 존스는 UFC의 데이나 화이트 회장과도 갈등을 빚은 바 있고, 권위에 저항하는 이미지를 갖고 있다. 이런 존스조차도 트럼프를 상대로는 전혀 다른 사람이 된 것처럼 느껴졌다.

옥타곤 장내 아나운서가 선수 소개할 때 트럼프와 눈이 마주친 존스는 손으로 트럼프를 가리키면서 친근한 모습을 보였다. 강력한 발차기로 전 챔피언 미오치치를 KO 시킨 이후에는 이른바 트럼프 댄스를 추며 승리를 만끽했고, 트럼프는 만족한 듯 환하게 웃었다.

옥타곤 밖으로 나가 트럼프와 반갑게 인사를 나눈 존 존스는 UFC 챔피언 벨트를 트럼프에게 건네주는 깜짝 이벤트까지 연출했다. NFL이나 NBA의 흑인 선수들이 트럼프에게 보이는 반응과는 정반대의 모습이었다. 트럼프는 UFC 경기장에 모인 관중뿐 아니라 UFC 챔피언에게도 영웅 대접을 받았다. UFC 팬들과 선수들은 왜 이토록 트럼프에게 열광하는 것일까? 트럼프가 바로 오늘날의 UFC를 만든 주역이기 때문이다.

1993년 제1회 대회를 연 UFC에서는 무규칙 경기를 표방했다. 당시에는 '과연 레슬링 선수가 복싱 선수를 이길 수 있을까?'라는 팬들의 궁금증을 풀어주는 차원의 이벤트 경기였다. 1회 대회의 우승자는 브라질리안 주짓수로 무장한 호이스 그레이시였다. 지금은 우리에게 익숙해진 '주짓수'는 일본의 '유도'가 브라질로 건너가 '유술'로 변한 것이다. 브라질 주짓수의 전설인 힉슨 그레이시의 동생인 호이스 그레이시는 자신보다 훨씬 큰 거구들을 화려한 기술로 굴복시키면서 격투기계에서 주목받았다. 우승 이후 호이스 그레이시는 "나의 형 힉슨 그레이시가 나보다 훨씬 강하다."라고 밝혀 사람들을 더욱 놀라게 했다.

초창기에 UFC는 예상보다 더 큰 화제를 모았다. 1998년 미국 취재 도중 당시 유명했던 비디오 체인 "블록버스터 비디오"에서 UFC의 비디오테이프를 구매해 시청한 뒤 놀라움을 금할 수 없었던 기억이 지금도 생생하다. 링이 아닌 철조망 같은 곳에서 경기를 하고 넘어뜨린 이후에도 계속해서 상대를 가격하는 모습은 1980년대 복싱을 너무나 좋아했던 스포츠 기자에게도 큰 충격이었다.

미국에서도 마찬가지였다. 1990년대 후반 미국의 상원의원인 존 맥케인은 UFC를 '인간 닭싸움(Human cockfighting)'이라고 부르면서, UFC를 추방하자고 제안했고, 실제 36개 주에서 UFC를 금지하는 법률을 제정하게 되었다. 뉴욕주에서 열릴 예정이던 UFC 8 대회는 경기 하루 전에 금지 법률이 생기면서, 장소를 푸에르토리코로 옮겨야만 했다. 비판적인 여론 속에 시청자 수는 점점 줄어들었다. 대회 장소를 마련하기도 쉽지 않을 정도로 어려운 상황을 맞이하게 되었다.

그런 UFC에 나타난 구세주가 바로 트럼프다. 트럼프는 2001년 애틀랜틱 시티에 있는 자기 소유의 카지노 '타지마할'에서 두 번의

UFC 대회를 연속으로 개최했는데, 이는 대성공으로 이어졌다. 트럼프는 어려움을 겪던 데이나 화이트 대표를 불러 "여기서 경기하세요."라고 제안했을 뿐 아니라 UFC 31과 32 기간 동안 경기장에서 모든 경기를 지켜보는 열정을 보여줬다. 단순히 경기 장소를 제공했을 뿐 아니라 자금을 지원하고, 대회 운영에 관한 조언도 아끼지 않았다.

트럼프가 UFC를 후원하게 된 건 우연이 아니다. 원래 격투기에 흥미가 많았던 트럼프는 1980년대 프로 복싱 경기를 자신이 소유하고 있는 카지노에서 개최한 바 있다. 특히 마이크 타이슨이 최고 인기 선수로 올라서자, 타이슨 출전 경기를 주로 개최해 카지노의 인지도를 단숨에 올리는 효과를 경험했다. 원래 프로 복싱을 좋아하는 데다 마초적인 성향을 가진 성공한 사업가인 트럼프의 이미지와도 어울리는 완벽한 선택이었다.

또한 격투기와 오락을 합친 종목인 프로레슬링인 WWE(World Wrestling Entertainment)의 개최 경험도 갖고 있다. 1988년 열린 레슬매니아 4를 개최했고, 1989년 레슬매니아 5를 후원했는데, 두 대회 모두 뉴저지에 있는 트럼프 플라자에서 열렸다. 단순히 대회를 개최하는 것에서 나아가 링 위에도 오른 적이 있을 정도이다. 지는 쪽은 머리를 깎는다는 규칙을 걸고 대결한 뒤, 트럼프는 승자의 자격으로 WWE의 회장인 맥마흔의 머리를 삭발하는 퍼포먼스를 보여주기도 했을 정도이다.

이런 노력을 인정받아 트럼프는 2013년 WWE 명예의 전당에까지 이름을 올리게 되었다. 프로 복싱과 WWE 관련 단체도 트럼프의 지원 세력이지만, UFC는 트럼프에게 절대적인 지지를 표명하고 있다. 2001년부터 UFC의 수장인 데이나 화이트에겐 트럼프가 평생의 은인이라고 할 수 있다.

지금은 세계 최고의 격투기 단체로 성장했지만, 가장 어려웠던 시기에 트럼프의 도움이 없었다면 UFC는 이미 파산했을지도 모른다. 실제 1990년대 후반부터 2000년대 중반까지는 미국의 UFC보다 일본의 PRIDE가 훨씬 높은 인기를 자랑했다. UFC가 단순한 격투 스포츠였다면 PRIDE는 격투기에 이야기를 입히는 것과 함께 오락적인 요소까지 가미해 훨씬 경쟁력 있는 컨텐츠로 만들어졌다.

PRIDE는 UFC 1회 대회 우승자인 호이스 그레이시가 극찬했던 형 힉슨 그레이시와 일본의 프로레슬링 선수 다카다 노부히코의 자존심 대결로 시작되었다. 시대를 풍미했던 챔피언 러시아의 효도르에게는 '얼음 주먹' '60억분의 1' 같은 UFC에서는 볼 수 없는 멋진 표현이 PRIDE의 이야기를 풍부하게 했다. 평범하게 옥타곤에 올랐던 UFC와 달리 PRIDE에 출전하는 크로아티아 출신 미르

코 크로캅은 항상 1980년대 그룹 '듀란듀란'의 명곡 「Wild boys」와 함께 입장했다.

한때 UFC를 압도했던 PRIDE는 범죄조직의 자금으로 운영된 사실이 드러나면서 큰 충격을 주었고, 결국 파산했다. 반면 2001년 존폐 위기를 맞았던 UFC는 성장에 성장을 거듭했다. 트럼프가 등장할 때 배경 음악이 깔린 것처럼 과거 PRIDE의 장점까지 흡수해 단순한 격투기 단체가 아닌 문화 전도사의 역할까지 담당하고 있을 정도이다.

2001년 이후 UFC 회장인 데이나 화이트는 20년 이상 트럼프와 우정을 쌓아왔으며 선거 기간 동안 트럼프를 지지하는 데 UFC의 모든 조직을 동원했다. 47대 대통령 당선이 사실상 확정된 순간, 플로리다의 리조트에서 트럼프가 연설할 때 UFC의 데이나 화이트 대표는 트럼프의 바로 뒤에서 밝은 얼굴로 트럼프와 함께 대선 승리의 환희를 만끽했다. 그리고 열흘 뒤 트럼프는 차기 정부의 주요 인사들과 UFC 309 현장에 함께 했다.

세계 최대 규모의 격투기 단체인 UFC의 가치는 현재 123억 달러, 우리 돈 약 17조 1,474억원에 이를 정도로 성장했다. 위기의 UFC를 살린 구세주 트럼프는 세계 최고 국가 미국의 대통령을 2번이나 역임하는, 돈으로 환산할 수 없는 큰 이익을 얻게 되었다.

미식축구 'USFL'과 사이클 일주대회인 '뚜르 드 트럼프'를 비롯해서 오랜 기간에 걸친 스포츠에 대한 트럼프의 장기 투자가 UFC를 통해 성공 신화를 만들었다고 할 수 있다.

비주류의 성공 신화, 이젠 주류 문화로

2000년대 초반 KBS N 스포츠의 전신인 KBS SKY 스포츠는 당시 세계 최고의 격투기 무대이던 PRIDE를 중계 방송했다. 효도르와 노게이라 같은 당대 최고의 격투기 선수들이 KBS SKY 스포츠 채널을 통해 국내에 처음 소개된 것이다. 이종격투기의 인기가 높아지는 가운데 한 국회의원은 국정 감사에서 KBS의 격투기 프로그램에 대해 집중적으로 성토했다. "이종격투기 프로그램이 국내에 처음으로 방송되고 있는데, 굉장히 폭력적이라는 것을 알고 있는가? 다른 곳도 아닌 공영방송 KBS의 자회사에서 이런 방송을 계속 유지해야 하느냐?"라고 KBS 사장을 추궁했다. 격투기 팬들은 해당 국회의원에게 항의 전화를 하고, 홈페이지에 반대 의견을 올렸지만 결국 KBS 계열사에서 더 이상 격투기 프로그램을 볼 수 없게 되었다.

비슷한 시기 국내 e스포츠 시장에선 반대의 경우가 발생했다. 당시 e스포츠 협회의 회장을 맡았던 모 국회의원은 게임이나 오락으로 폄하되던 e스포츠의 인식 변화를 위해 정말로 열심히 뛰었다.

그 국회의원은 e스포츠 팬들에게 열광적인 지지를 받았다. 2000년대 초반 격투기나 e스포츠팬들은 그야말로 비주류 중의 비주류였다. 격투기를 좋아하는 사람은 폭력적이며, e스포츠는 곧바로 게임 중독으로 이어진다는 부정적인 이미지가 일반적인 시각이었다. 당시 격투기나 게임을 좋아하던 10~20대 젊은이들은 자연스레 기존 미디어 및 기성세대에게 반발하게 되었고, 이는 우리나라만이 아닌 세계적인 흐름이었다고 할 수 있다.

미국 역시 격투기는 대표적인 비주류 문화였다. 특히 미식축구와 야구, 농구와 아이스하키처럼 이른바 4대 프로스포츠가 큰 인기를 누리는 세계 최고의 스포츠 왕국인 미국에서 격투기는 제대로 대접을 받지 못했다. 운동 능력이 뛰어난 사람들은 대부분 미식축구나 농구를 선택했고, 투기 종목에선 과거 80년대 황금기를 누렸던 복싱의 인기가 절대적이었다. 1993년 1회 대회를 시작한 UFC 무대에서 아무리 성공하더라도 큰돈을 버는 것은 불가능했다. 격투기를 금지하는 주가 많았고, TV에서는 격투기를 접하기 힘들었다.

하지만, UFC는 트럼프 지원과 데이나 화이트 회장의 사업 수완에 더해 다매체 다채널 시대가 도래하면서 급격하게 상승세를 타게 된다. 특히 팟캐스트는 UFC가 지금의 위치로 올라서는 데 결정적인 역할을 한 매체이다. 트럼프가 당선 열흘 만에 관람한 UFC 309에서 반갑게 이야기를 나눈 조 로건은 팟캐스트 진행자로 큰 영향력을 갖고 있다. 과거 소외된 비주류 문화였던 UFC는 인기가 올라간 지금도 비주류적인 특성을 유지하고 있다.

이런 UFC의 특성은 억만장자이지만 정치계의 비주류인 트럼프가 2번이나 대통령이 된 지금도 기존 정치인들과는 다른 정치 문법을 갖고 있는 것과 비슷하다고 할 수 있다. 이렇게 격투기 팬들과 트럼프는 동질감을 느껴왔고, UFC를 좋아하는 미국인들은 트럼프의 든든한 지지 세력이 되었다.

사실 트럼프가 당선되었던 2016년 대통령 선거에서는 UFC가 큰 역할을 했다고 보기 어렵다. 영원한 친구이자 사업 파트너인 데이나 화이트 UFC 회장은 당연히 2016년 선거 때부터 트럼프의 지지 유세를 해왔지만, 당시만 하더라도 UFC의 영향력은 지금에 미치지 못했다. 2016년 대통령 선거에서 트럼프에게 UFC는 여러 지지 단체 중의 하나였을 뿐이지 그렇게 중요한 부분은 아니었다.

트럼프가 UFC와 더욱 돈독한 관계를 맺고, 이미지 정치에 본격적으로 활용하기 시작한 것은 2020년 선거에서 낙선 이후였다. 2020년 선거에서 바이든에게 패했지만, 트럼프의 팬들은 선거 결과를 인정하지 않았고 국회의사당에 난입했으며 미국 역사에서 유례를 찾기 힘든 폭동을 일으키기까지 했다. 선거 결과에 불복하는 모습은 정치인 트럼프에게 지울 수 없는 낙인과도 같았다. 최악의 위기에 몰린 상황에서 트럼프는 이미지 회복을 위한 수단으로 UFC를 적극적으로 활용하기 시작했다.

이런 움직임은 2024년 대선을 준비하고, 공화당의 대통령 후보로 확정되면서 더욱 구체화 되었다. 트럼프는 정치적인 결단을 내리는 순간마다 UFC를 유권자들과 만나는 무대로 선택했다. 트럼프는 자신을 기존 정치계의 주류 세력과 미국의 주류 미디어에 맞서 싸우는 투사의 모습으로 비춰지기를 원했다. 이런 트럼프의 모습을 사람들에게 인식시키는데 UFC만큼 딱 들어맞는 무대는 없었다.

다른 스포츠와 달리 UFC 관객들은 대부분 남성이다. 미국의 야구장은 가족들이 함께 핫도그를 먹으면서 소풍을 즐기기 위해 오는 곳이라면, UFC 경기장은 주류 스포츠가 된 지금에도 혼자 또는 친구들과 모여 감정을 발산하는 장소라고 할 수 있다. 트럼프의 선택은 이와 같은 UFC의 특성과 관련이 있어 보인다.

2000년대 초반까지만 하더라도 미국 사회에서 진지하게 받아들여지지 않았던 스포츠의 틈새시장에 있던 격투기 팬들은 UFC의 성장과 함께 사회적 공간에서도 목소리를 내게 되었다. 격투기가 사회에서 소외받고 있었던 시절에 이를 지원했던 트럼프는 그들에게 우상이었고, 지금도 여전히 UFC를 좋아하고 즐기는 이들이 트럼프의 대표적인 지지 기반이 된 것이다.

트럼프가 대통령이던 2019년 UFC 경기장을 찾았을 때 일부 팬들은 트럼프에게 야유를 보낸 적이 있다. UFC 경기장에 온 모든 사람이 트럼프를 지지하는 것은 아니기 때문에 어쩌면 당연한 일이라고 할 수 있다. 그런데 이번 대선을 앞두고 트럼프가 UFC 경기장을 찾았을 때는 거의 모든 관중들이 열광적인 환호를 보냈다. 과거보다 양극단으로 갈라진 정치 상황을 반영한 모습으로 해석할 수 있는 대목이다. 트럼프가 2024년 5월, 성 추문 관련 입막음과 금품 제공 혐의로 유죄 평결을 받은 이후 처음으로 외부에 모습을 드러낸 공식 일정은 바로 UFC 경기장을 찾은 것이었다.

《뉴욕타임스》는 "트럼프가 박해받는 영웅의 모습으로 자신을 부각시키기 위해 UFC 경기장을 찾았고, 남성들로 가득 찬 경기장에서 관중들은 트럼프를 좋아하는 것처럼 보였다."라는 기사를 쓰기도 했다. 실제 트럼프가 등장하자 트럼프를 응원하는 목소리와 함께 조 바이든 대통령을 비난하는 구호가 경기장을 가득 채우기도 했다. 트럼프는 UFC를 정말로 사랑한다는 걸 보여줬다. 경기가 모두 끝난 시각은 다음날 오전 1시로 꽤 늦은 시간이었지만, 트럼프는 끝까지 경기장에 머물며 경기를 지켜봤다. 경기에서 이긴 존 스트릭랜드는 마이크를 잡고 "트럼프 대통령께 그들이 하는 행동은 말도 안 됩니다. 나는 대통령께 기부하겠습니다."라고 외쳤고 트럼프는 일어서서 큰 박수로 화답했다.

현장의 반응만 보면 트럼프는 정말로 성 추문이나 금품 제공과는 관계없는 박해 받는 순교자처럼 보일 정도였다. 이처럼 트럼프의 강력한 지지 세력이 된 UFC에서 미국인 챔피언이 드물다는 것은 더욱 흥미로운 부분이다. 플라이급부터 헤비급까지 8체급 챔피언 가운데 미국인은 2명에 불과하다. 그나마 헤비급의 존 존스만이 확실한 미국인이고, 웰터급의 벨란 무하메드는 이름에서 나타나듯 순수 미국인이 아닌 팔레스타인 이민자 출신이며 옥타곤에 등장할 때도 팔레스타인 국기를 내세우는 선수이다. 이민자에 유난히 민감하고 위대한 미국 재건을 부르짖는 트럼프의 정책과 반대되는 부분이다. 이런 상황에서 UFC를 소재로 이민자 문제를 이야기해 구설수에 오른 적이 있다.

트럼프는 UFC 대표인 데이나 화이트에게 "이민자끼리 겨루는 격투기 리그를 만들자고 제안했다."라고 스스로 밝힌 것이다. 트럼프는 복음주의 기독교 단체인 '신앙과 자유 연합' 행사에서 "나에게 좋은 생각이 있다. 이민자만의 격투기 리그를 만들어 UFC 챔피언과 이민자 챔피언을 싸우게 하자."라고 말하면서 "나는 이민

자 선수가 이길 것 같다. 그들은 아주 거친 사람들."이라고 이야기
했다. 그러면서 "UFC의 데이나 화이트 대표는 이런 아이디어를
별로 좋아하진 않았지만, 사실 최악의 아이디어는 아니다."라고 말
했다는 것이다.

분명 이민자에 대한 비하 발언이고 정치인으로서 실언이라고 할
수 있다. 사실 트럼프는 예전부터 불법 이민자에 적대적인 입장을
나타냈으며, 이민자 가운데 폭력적인 성향을 가진 사람들이 많다
는 주장을 공공연하게 해 왔다. 트럼프의 이런 말에 대해 데이나
화이트 회장은 "온라인에서 이 발언을 두고 말이 많지만, 그저 농
담일 뿐이었다."라고 했지만, 책임 있는 정치인으로서, 미국을 이
끄는 대통령에 어울리는 발언은 분명 아니다. 실제 《워싱턴 포스
트》는 이 말에 대해 "이민자를 언급할 때 트럼프가 사용하는 비인
격적 용어는 패턴의 일부"라며 그는 2023년 12월 이민자에 대해
서 "우리나라의 피를 오염시킨다."라고 발언한 적도 있다고 지적
했다.

이런 발언에도 불구하고 트럼프는 미국의 47대 대통령으로 당선
되었다. UFC 관계자들은 일제히 트럼프의 당선을 환영했다. UFC
잠정 챔피언 출신인 콜비 코빙턴은 트럼프의 당선 이후 "주류 미디
어는 죽었다. 미국인의 꿈은 살아 있다. 미국에, 47대 미국 대통령

트럼프에게 신의 축복이 있기를."이라는 메시지를 SNS에 올리면서 트럼프에 반대했던 기존 미디어를 비판했다. 이처럼 주류 미디어의 위기 속에 UFC도, 미국 사회도 달라지고 있다. 국내에선 과거 KBS SKY에서 방송 금지되었던 격투기를 지금 아무런 제약 없이 케이블 TV 및 뉴미디어를 통해 볼 수 있다.

트럼프의 당선보다 3일 앞서 한국에서는 T1의 '롤드컵(리그 오브 레전드 월드챔피언십)' 우승이 KBS 9시 뉴스를 비롯한 모든 미디어에서 크게 소개되었다. 과거 소외된 10~20대 남성들의 문화였던 종합격투기와 e스포츠는 이제 주류 문화로 올라섰다. 종합격투기와 e스포츠를 합친 것과 같은 UFC는 트럼프 2기를 맞아 더욱 황금기를 맞게 되었다. 비주류 문화였던 UFC의 성공 신화를 이룬 것처럼, 비주류 정치인 출신인 트럼프도 이제 더 이상 비주류라고 할 수 없을 것이다. 그는 세계 최고의 권력자가 되었고, 1기 때보다 더욱 막강한 힘을 갖춘 세계에서 가장 영향력이 큰 사람 자리에 올라선 것이다.

대통령은 프로레슬러, 명예의 전당에 헌액된 이유

세계 최고의 스포테인먼트 무대인 프로레슬링 WWE(World Wrestling Entertainment)는 정치인에게 적합한 무대는 아니다. 정치인들은 스포츠를 정치에 이용하려는 경향이 강하다. 정정당당하게 승부를 겨루는 스포츠의 세계는 이미지 개선을 추구하는 정치인들의 이해와 요구에 정확히 부합하기 때문이다. 하지만 그 무대가 프로레슬링이라면 이야기는 조금 다르다. 프로레슬링은 다른 스포츠와는 달리 각본 있는 드라마이며, 선수들의 열정을 바탕으로 보는 사람에게 감동을 주기 위한 무대라기 보다는 오락을 추구하는 쇼의 성격이 훨씬 강하기 때문이다.

WWE는 각본이 존재하는 곳이지만, 트럼프는 존재하는 각본조차 무시할 정도로 누구도 예측하기 힘든 정치인이다. 하지만 그는 WWE를 사랑하는 대표적인 정치인이며, 실제로 WWE 경기에 출전하기도 했고, 그 공로를 인정받아 WWE 명예의 전당에 오를 정도로 미국 프로레슬링계에서 중요한 인물이기도 하다.

트럼프는 실제로 2주 동안 WWE 시나리오 기획에 참여한 적이 있는데, 레슬링을 통해 관중을 열광시키는 방법을 연구한 경험은 그의 정치 인생에서 소중한 자산이 되었다. 이처럼 사람들의 관심을 끄는 방법과 상대의 허점을 공략하는 트럼프의 방식은 프로레슬링에서 펼쳐지는 방식과 비슷하다고 할 수 있다.

2007년 열린 레슬매니아 23은 '억만장자 대결'이란 주제로 펼쳐졌다. 여기서 억만장자는 부동산 재벌이자 인기 방송인으로 셀럽 중의 셀럽인 트럼프와 WWE의 회장이자 역시 억만장자인 맥마흔을 지칭했다. 두 사람 모두 60세를 훌쩍 넘긴 나이를 고려해 대리 선수를 정해서 경기를 진행하는 방식이었다. 그리고 경기에서 지는 쪽은 삭발한다는 파격적인 조건을 내걸었다.

삭발은 서양보다는 동양의 문화에 가깝다고 할 수 있다. 우리나라에서는 어떤 중요한 목적을 달성하기 위한 수단으로 삭발을 사용해 온 측면이 강하다. 지금은 머리를 깎지만, 다음에는 목을 내놓을 정도로 모든 것을 걸었다는 의미를 담고 있다. 과거 조선 시대의 단발령까지 거슬러 올라갈 필요도 없이, 70년대 장발 단속의 기억을 떠올리지 않더라도, 삭발은 누구나 피하고 싶은 일이지만 결의를 보여주는 수단으로는 꽤 효과가 있는 방법이다.

스포츠 선수가 좀처럼 부진에서 벗어나지 못하고 있는 시점에 삭발한 채 등장하는 건 그리 낯설지 않은 모습이기도 하다. 서양 문화권에서는 낯설다고 할 수 있는 '삭발'을 걸고 하는 대결인 만큼 트럼프와 맥마흔은 링 밖에서 치열한 승부를 펼쳤다. 트럼프 역할을 맡은 선수와 맥마흔 역할을 담당한 선수가 공방전을 벌일 때 뜨겁게 응원하던 두 사람이 실제로 맞붙는 장면까지 등장하면서 분위기는 최고조에 달했다.

2명의 대리인이 링에서 싸우는 가운데, 2명의 심판 사이에 갈등이 빚어지면서 한 명의 심판이 다른 심판을 가격하자, 맞은 심판이 그대로 쓰러진다. 이제 심판이 한 명뿐인 가운데 맥마흔 역할을 맡은 선수가 심판을 가격하면서, 이제 링은 심판이 없는 상황이 되었다. 시합은 맥마흔의 승리가 유력해졌고, 링 사이드에 위치한 맥마흔은 환하게 웃고, 트럼프는 말도 안 된다는 표정을 짓는다. 의기양양해진 맥마흔이 쓰러진 심판을 질책하는 순간, 갑자기 트럼프가 맥마흔에게 태클을 걸어서 쓰러뜨린 뒤, 맥마흔의 몸 위에 올라탄 상태에서 주먹으로 가격하는 듯한 동작을 이어간다. 링에서도 트럼프의 대리인이 역전승을 거두면서 트럼프는 두 주먹을 불끈 쥐고 환호한다. 환호하는 트럼프와 절망하는 맥마흔의 모습은 극적인 대조를 이루고, 관중석에서는 함성이 끊이지 않는다.

이제 중요한 건 다음이다. 이번 대결에서 두 사람은 합의 하에 진 쪽이 '삭발'을 하기로 했는데, 정말로 머리를 깎을 것인지 모두가 숨을 죽인 채 지켜본다. 프로레슬링은 각본이 있는 드라마이기에 승패가 결정되어 있다는 건 모두가 알고 있지만, 실제 삭발할 것인지, 기묘한 방법으로 삭발처럼 보이게 연출할 것인지 궁금했기 때문이다.

심판은 WWE의 회장이지만 이번 경기의 패자인 맥마흔의 목을 잡았다. 승자인 트럼프가 이발 기구를 가지고 나와 흔들면서 관중들에게 박수를 유도했다. 승부사 트럼프는 일말의 주저하는 모습도 없이, 오랜 친구이자 사업 파트너인 맥마흔의 머리를 깎기 시작한다. 그것도 얼굴 가득 미소를 머금은 채로 말이다. 트럼프는 계속해서 이발 기구를 사용해 상대의 머리를 밀어 대고, 맥마흔은 절규한다. '오~노~', '오~ 마이 갓~'이라는 탄식이 맥마흔의 입에서 터져 나왔다. 시간이 지나면서 맥마흔의 머리카락은 거의 사라졌다. 트럼프는 진심으로 즐기는 모습이다.

그런데 끝이 아니었다. 트럼프는 면도 크림을 맥마흔의 머리에 뿌린 뒤, 얼마 남지 않은 머리카락을 모두 밀어버린다. 불과 5분 전까지만 해도 풍성했던 맥마흔의 머리는 모두 사라졌다. 울부짖는 맥마흔은 뛰어난 사업가이면서, 훌륭한 연기자이기도 하다는 걸 알 수 있었다. 이 모습이 담긴 유튜브 동영상은 2024년 12월 현재 3,628만 번이나 재생되었을 정도로 WWE에서 가장 인기 있는 장면 가운데 하나이다.

레슬링 무대에서 이색 대결을 펼친 트럼프와 맥마흔은 오랜 친구 사이이다. 1988년 트럼프 플라자 호텔에서 WWE 행사를 치른 뒤 두 사람은 사업 파트너를 넘어 영혼의 동반자가 되었다. 빈스 맥마흔은 1945년생, 도널드 트럼프는 1946년 생으로 불과 한 살 차이이며, 두 사람 모두 190cm를 넘는 거구이자 뛰어난 사업 수단을 바탕으로 억만장자가 되었다는 공통점을 갖고 있다. 애국심을 강조하는 것을 비롯해 정치적인 생각이나 추구하는 가치관이 비슷하다는 것도 두 사람이 가까워지는 데 중요한 역할을 했다. 가장 결정적인 공통점은 "당신은 해고야(You are Fired)!"라는 일종의 밈을 효과적으로 활용해 대중들에게 강한 인상을 심었다는 점일 것이다.

"You are Fired!"는 트럼프가 진행을 맡았던 미국 NBC의 리얼리티 쇼 『어프렌티스(Apprentice)』에 매번 등장하는 표현이다. 연습생(Apprentice)을 두 팀으로 나눈 뒤, 승패를 가르는 방식으로 패배의 원인을 제공한 참가자에게 트럼프는 "You are Fired!"라고 외치는데, 이 말은 미국에서 유행어로 떠올랐다. 이 방송은 한마디로 트럼프에 의한, 트럼프를 위한 프로그램이었다고 할 수 있다. 부동산 재벌로 높은 지명도를 쌓아온 트럼프는 이 프로그램을 통해 유명인 중의 유명인이 되었다.

트럼프가 유행시킨"You are Fired!"는 대선 기간 중에 더욱 유행했다. 유세 기간 도중 대통령에 당선되면 현직 대통령인 오바마에게 가장 먼저 하고 싶은 말이 무엇이냐는 질문에 대해 트럼프는 망설이지 않고 "You are Fired!"라고 대답했다. 재임 기간에는 상대방이 아닌 내각 관료를 대상으로 "You are Fired!"를 남발하기도 했다. 트럼프는 미국 정치 역사상 처음으로 트위터를 통해 국무장관을 비롯해 관료들을 해임하곤 했는데, 그때도 역시 "You are Fired!"를 사용했다. 이렇게 "You are Fired!"의 역사를 만든 트럼프지만 2020년 대선에서 바이든에게 졌을 때는 반대로 "You are Fired!"라는 말을 피할 수 없었다. 바이든의 지지자들은 트럼프를 상징하는 구호인 "You are Fired!"를 새긴 팻말을 들고 트럼프를 조롱했다.

4년 뒤에는 또다시 상황이 바뀌면서 이번에는 트럼프 지지자들이 해리스를 대상으로 "You are Fired!"를 외치는 모습이 펼쳐졌다. 트럼프가 유행시킨 "You are Fired!"는 WWE의 회장인 빈스 맥마흔이 자주 구사하는 것으로도 유명하다. 맥마흔은 링 위에서 마이크를 잡은 채 과장된 표정과 맛깔나는 어조로 사용해 "You are Fired!"를 외치곤 했다. 아무리 거친 레슬러라도 회장이 외치는 "You are Fired!" 앞에서는 당황할 수밖에 없었고, 이런 모습은 프로레슬링을 보는 또 하나의 재미로 떠올랐다.

전가의 보도처럼 사용되던 맥마흔의 "You are Fired!"는 이에 반발한 선수에게 뺨을 맞고 실려 나가는 시나리오를 연출하면서 한 단계 진화하기도 했다. 정치권과 프로레슬링에서 "You are Fired!"를 유행시킨 두 사람은 나란히 성공 가도를 달리고 있다. 트럼프는 2번이나 대선에서 승리했으며, 맥마흔의 프로레슬링 사업은 일시적인 부침은 있었지만, 나날이 성장하고 있다. WWE의 3대 브랜드 중의 하나인 'WWE Raw'는 스포츠 중계 분야에서 10년 동안 50억 달러, 우리 돈 약 6조 7천억 원에 해당하는 역대 최고 규모의 계약으로 세계 최대의 동영상 플랫폼인 넷플릭스와 계약을 체결했다.

2025년부터 'WWE Raw'는 넷플릭스를 통해서만 볼 수 있게 되었다. 이번 계약으로 WWE는 천문학적인 중계권료를 받을 뿐 아니라, 넷플릭스라는 최고의 플랫폼을 통해 프로레슬링의 인기를 전세계적으로 확장할 수 있는 기회를 맞게 되었다. 빈스 맥마흔 회장은 인생의 황혼기라고 할 수 있는 80살에 전성기를 맞이하게 된 것이다. 70대 후반인 트럼프 역시 마찬가지이다.

트럼프는 프로레슬링 매니아에 어울리게 마치 프로레슬링을 하는 것처럼, 리얼리티 쇼를 진행하는 것처럼 정치를 하고 있다. 기존 정치인들이 올림픽 금메달을 노리는 아마추어 레슬링 선수처럼 진지하게 정치를 한다면 트럼프는 WWE 선수 같은 느낌으로 정치를 하고 있다. 올림픽 금메달로 상징되는 명성이나 명예는 전혀 신경 쓰지 않고 오로지 부와 인기만 누리면 된다는 듯한 모습을 보여주고 있다. 여기에는 트럼프의 지나온 삶이 투영되어 있는데, 다시 말해 트럼프는 명성이나 명예를 중시하는 아마추어 레슬링 선수보다는 부와 인기를 우선시하는 WWE 선수 같은 느낌으로 살아온 사람이라는 것이다.

프로레슬링에는 각본이 존재하긴 하지만, 선수들의 기술만은 각본이 아닌 노력의 결과이다. 프로레슬링 역시 다른 어느 스포츠 못지않은 운동 능력이 필요한 것처럼, 트럼프는 기존 정치인들이 갖지 못한 새로운 문법으로 정치계에서 성공한 뛰어난 전략가라고 할 수 있다.

트럼프는 2013년 레슬링에 대한 열정과 공로를 인정받아 WWE 명예의 전당에 이름을 올렸다. WWE 명예의 전당은 야구나 농구 명예의 전당처럼 입회가 어려운 종목은 아니지만, 그래도 명예의 전당에 헌액되는 건 엄청난 영광이다. 만일 미국 대통령이나 정치인을 대상으로 하는 명예의 전당이 존재한다면 지지자와 비판자가 극명하게 엇갈리는 트럼프는 아마도 대상자가 되지 못할 수도 있을 것이다. 하지만 트럼프는 이 조차도 전혀 신경 쓰지 않을 가능성이 높다.

　트럼프는 명예보다 실리를 추구하며 위대한 인간보다 최고의 인기인을 지향하는 사람이다. 트럼프는 프로레슬링에 출전해 상대를 가격하는 동작을 선보인 처음이자 마지막 대통령이 될 것이다. 트럼프를 지지하건 반대하건 그가 특별한 사람이라는 사실은 분명하다. 정치인이 프로레슬링 경기에 출전하는 건 결코 아무나 할 수 있는 일이 아니기 때문이다.

가상화폐 대통령 선언, 스포츠의 비트코인 열풍

2022년 카타르 월드컵에서 대한민국 선수단은 그야말로 기적을 만들어냈다. 우승 후보인 포르투갈을 반드시 이겨야만 16강 진출이 가능한 절체절명의 상황에서, 그것도 마지막 1분을 남긴 가운데 극적인 역전골을 만들어낸 것이다. 감격스러운 승리 이후, 우루과이와 가나의 결과에 따라 희비가 엇갈리게 돼 초조하게 휴대전화로 경기를 지켜보던 선수들은 16강 진출이 확정되자 얼싸안고 기쁨을 나누었다. 승리의 주역 손흥민은 경기장 잔디 위에서 방송 인터뷰를 가졌는데 배경 광고판에는 크립토닷컴(Crypto.com)이라는 글씨가 새겨져 있었다. 아디다스와 코카콜라, 맥도날드 같은 스포츠 이벤트의 단골손님과 나란히 광고판에 자리한 것이다. 2022년 카타르 월드컵의 공식 스폰서로 당당하게 이름을 올린 크립토닷컴은 가상화폐 거래소이자 코인 사업을 하는 업체다. 2006년 탄생한 크립토닷컴은 적극적인 스포츠 마케팅을 통해 단기간에 브랜드 이미지를 끌어올려 왔다.

미국 프로농구 NBA의 최고 명문 구단 LA 레이커스의 홈구장 이름은 이제 크립토닷컴 아레나로 불린다. 과거 압둘 자바부터 코비 브라이언트를 거쳐 르브론 제임스에 이르기까지 LA 레이커스 간판 선수들의 플레이를 볼 수 있는 장소는 스테이플스 센터였지만, 크립토닷컴이 역대 스포츠 사상 최고액인 7억 달러에 홈구장 명명권을 얻게 된 것이다. 미국 스포츠전문채널 《ESPN》에 따르면 크립토닷컴은 종합격투기 단체인 UFC와 1억 7500만 달러, 세계 최대 모터스포츠 대회인 포뮬러1(F1)과는 1억 달러, 호주 축구 리그 AFL과는 2500만 달러에 후원 계약을 맺은 것으로 알려졌다. 이처럼 활발한 스포츠 마케팅을 펼치는 크립토닷컴은 트럼프의 대통령 당선 이후 더욱 빛나는 장밋빛 미래를 꿈꾸게 됐다. 트럼프의 당선 이후 가상화폐의 가치가 급격하게 상승하고 있기 때문이다. 꾸준히 오르던 비트코인의 가치는 2024년 12월 4일 마침내 10만 달러를 넘어섰다.

2010년 5월 비트코인 소유자가 1만 개의 비트코인으로 피자 2판을 구매한 것이 첫 번째 거래라고 알려져 있다. 당시 피자 한 판의 가격이 30달러였다고 하니 비트코인 가격은 개당 0.006달러(약 8원)에 불과했다. 그러던 것이 이제는 1개당 10만 달러를 넘어섰다. 비트코인 1개로 피자 3천 판 이상을 구매할 수 있을 만큼 가격이 급등한 것이다.

트럼프가 가상화폐를 보는 시각 역시 비트코인의 가치 변화만큼이나 많이 변했다. 보수주의자이며 구시대적인 인물인 트럼프는 사실 2019년까지만 해도 가상화폐는 돈이 아니라며 가상화폐에 대해 부정적인 반응을 보였지만, 이번 대통령 선거 기간에는 가상화폐 대통령이 되겠다며 가상화폐에 대한 적극적인 지지를 표명해 왔다. 심지어 비트코인을 활용해서 미국 정부의 막대한 부채를 갚겠다는 계획을 발표하기도 했다. 트럼프는 선거 기간 동안 가상화폐 업계로부터 1억 달러 이상의 선거자금을 후원받은 것으로 알려졌다. 가상화폐에 대한 인식이 3년 만에 급격하게 바뀐 이유 중의 하나이기도 하다.

실제 트럼프의 당선 이후 가상화폐는 가파른 가격 상승을 이어가며 연일 사상 최고 금액을 경신하고 있다. 트럼프 대통령의 친가상화폐 정책이 현실로 이어질 것이라는 기대가 높기 때문이다. 트럼프 대통령은 사상 최초로 백악관에 가상화폐 정책 전담 부서를 세울 것으로 알려졌다. 이렇게 트럼프 정부가 정책적으로 뒷받침을 하게 되면, 트럼프의 대통령 재임 기간에 가상화폐의 가치는 지속적으로 상승할 가능성이 높을 것이다.

트럼프는 대선 기간에 미국을 가상화폐의 수도로 만들겠다며 취임 100일 안에 가상화폐의 새로운 시대를 열겠다고 밝힌 바 있다. 여기서 가상화폐는 사실상 비트코인을 의미한다. 비트코인은 사토시 나카모토라는 가명을 사용한 인물이 2009년 만들어낸 가상화폐로 정부나 금융 시스템으로부터 독립적으로 운영된다. 블록체인으로 알려진 데이터베이스에 기록되기 때문에 위조나 변조를 할 수 없다. 트럼프의 당선과 함께 더욱 거세지고 있는 암호화폐 열풍은 스포츠에도 큰 영향을 미칠 가능성이 높으며, 스포츠 선수들의 계약을 시작으로 스포츠 관련 베팅을 비롯해 스포츠 산업 전반에 걸쳐 지금까지와는 전혀 다른 방식으로 작용하게 될 것으로 전망된다. 이미 일부 선수들이 가상화폐로 연봉을 받은 적이 있는데, 지금까지는 희비가 교차하고 있다.

미국프로풋볼리그(NFL)의 마이애미 돌핀스에서 뛰고 있는 오델 베컴 주니어는 지난 2021년, 연봉 전액을 비트코인으로 받았다. 그의 연봉은 75만 달러였는데 당시에는 위험한 선택이라는 우려가 제기되었다. 비트코인은 한순간에 자산 가치가 폭락할 수 있는 대표적인 위험 자산이기 때문이다. 실제 2022년 비트코인의 가치가 급격하게 하락했지만, 트럼프가 대통령이 되면서 지금은 오델 베컴 주니어의 위험한 결정이 미래를 내다보는 남다른 안목으로 재평가되고 있다. 트럼프가 대통령에 당선된 11월 초, 6만 달러 후반이던 비트코인 가격은 12월 4일 사상 처음으로 10만 달러를 돌파했다. 베컴 주니어가 급여를 비트코인으로 받았던 2021년 가격에 비해 60% 넘게 상승한 것이다. 재테크 성공의 주인공이 된 베컴 주니어는 트위터를 통해 '급여를 비트코인으로 받는 것에 대해 바보 같다고 말한 사람은 누구인가?'라며 자신의 선택에 대해 자부심을 나타내기도 했다.

베컴 주니어와는 달리 가상화폐로 손해를 본 스포츠 선수들도 꽤 있는데 대표적인 선수가 일본의 야구 스타 오타니 쇼헤이다. 오타니는 미국의 가상화폐 거래소인 FTX와 글로벌 홍보대사 계약을 맺으면서 스폰서 계약금을 전액 가상화폐로 받기로 했다. 스포츠 마케팅에 활발하게 뛰어들었던 FTX는 테니스 스타 오사카 나오미, NBA 최고 스타 스테픈 커리와도 홍보대사 계약을 맺었다. 그런데 FTX는 무리한 사업 확장 속에 파산하게 되었고, 오타니를 비롯한 스포츠 선수들은 결과적으로 보수를 받지 못한 셈이 되었다.

이처럼 위험 부담은 분명 존재하지만, 스포츠 선수가 가상화폐로 연봉을 받는 사례는 늘어나고 있으며, 어쩌면 현금보다 가상화폐를 받는 선수가 더 많아질 수도 있다. 한국여자프로골프(KLPGA) 투어 위믹스 챔피언십의 상금은 2023년부터 전액 가상화폐인 위믹스 코인으로 지급되었다. 총상금은 100만 위믹스 코인이며 우승상금은 25만 위믹스 코인으로 우승상금을 현재 시세로 환산하면 3억 5천만 원에 해당한다. 상금은 대회 종료 뒤 7일 이내에 선수들의 개인 전자 지갑 계좌로 지급되고 가상 자산 거래소를 통해 즉시 현금화할 수 있다.

2024년 12월 펼쳐진 미국프로골프(PGA) 투어와 LIV 골프의 간판선수 대결 이벤트의 상금도 전액 가상화폐인 크립토로 지급되었다. 미국의 프로스포츠 대회에서 상금을 가상화폐로 지급하는 것은 이번이 처음이다. 특히 스포츠가 세계화되면서 이런 경향은 더욱 뚜렷해질 것이다.

잉글랜드 프로축구에는 영국 선수보다 외국인 선수들이 더 많이 뛰고 있다. 스페인과 독일, 이탈리아에서도 브라질이나 아르헨티나 등 남미 출신들이 많고, 우리나라와 일본 같은 아시아 출신의 선수와 아프리카 출신 선수들도 상당수를 차지하고 있다. 이런 외국 선수들이 현지 화폐를 받으면 자국 화폐로 바꿀 때 환율 문제가 발생한다. 환전 수수료는 생각보다 큰 영향을 미친다. 소액인 경우에는 큰 문제가 되지 않으나 천문학적인 금액을 받는 축구 스타들에게 환전 수수료는 민감한 영역이다. 또한 환율 변동으로 실질 가치가 변할 수도 있다.

그런데 비트코인은 이런 문제로부터 자유로운 편이다. 가상화폐이지만 국제 통화의 성격을 갖고 있는 비트코인의 특성상 돈을 관리하기가 훨씬 쉽기 때문이다. 지금처럼 비트코인의 미래 가치가 높은 상황이라면 자연스럽게 재테크를 할 수 있는 효과까지 갖고 있다. 고액 연봉 선수들 대부분은 자산 관리사에게 자신의 자산을 맡기는데, 비트코인은 자산 관리시도 필요 없다. 선수가 약간의 위험만 감수할 수 있다면 환율이나 재정 비용 등을 아끼면서 재테크까지 할 수 있는 효과적인 수단이라고 할 수 있다.

비단 선수만이 아니라 구단 쪽에서도 비트코인은 매력적인 지불 수단이 될 수 있다. 비트코인을 선호하는 선수들이 늘어나면 구단 역시 재정적인 비용을 아낄 수 있고, 미래 가치를 반영한 지급 유예, 이른바 디퍼 계약(The deferral)이 가능하다. 오타니 쇼헤이는 미국프로야구 LA 다저스와 프로스포츠 역대 최고 금액인 7억 달러 계약을 맺으면서, 매년 연봉 7000만 달러 가운데 6800만 달러를 계약기간이 종료되는 2034년부터 2043년까지 무이자로 받기로 했다. 구단이 나중에 연봉을 지급하는 디퍼 계약인 것이다. 디퍼 계약으로 다저스는 사치세와 현금 유동성에 대한 부담을 덜게 되었고, 천문학적인 광고 수입을 벌고 있는 오타니는 은퇴 이후를 대비할 수 있게 된 것이다.

비트코인 계약은 기존의 현금 계약과 비교해 다양한 형태의 디퍼 계약이 가능하다는 점에서 구단에서도 선호할 여지가 크기 때문에 앞으로 점점 늘어날 가능성이 높다. 스포츠 팬들 역시 비트코인으로 경기장 입장권을 사거나, 스포츠용품을 사는 사례도 더욱 늘어날 것이다. 또한 스포츠에서 빼놓을 수 없는 베팅 산업 역시 비트코인의 성장과 함께 전성기를 맞게 될 것이다. 우리나라 스포츠에서도 스포츠토토 기금은 여러 종목의 단체에 배분되어 각종 투자금으로 활용된다. 스포츠 베팅이 대부분 온라인으로 바뀐 상황에서 가상화폐에 친숙한 20~30대 층이 비트코인을 선호한다는 걸 생각하면, 베팅 산업도 가상화폐 위주로 재편될 것으로 전망된다.

오타니의 50홈런-50도루를 비롯해 스포츠의 역사적인 순간을 기록한 이미지나 동영상은 대체 불가능 토큰인 NFT(Non-fungible token) 시장 역시 더욱 활성화될 것이다. 손흥민의 '찰칵 세리머니'는 이미 NFT로 만들어졌다. 바르셀로나 축구단은 전설적인 선수 요한 크루이프의 NFT를 만들어 경매에서 69만 달러에 판매했다. 스포츠와 NFT는 커뮤니티가 존재한다는 공통점이 있다. 스포츠는 NFT를 통해 수익을 얻고, NFT 커뮤니티의 활성화가 스포츠 산업에 도움이 되는 선순환 효과를 기대할 수 있다.

2022년 피파 월드컵에서 손흥민은 인터뷰 배경 광고를 통해 크립토닷컴을 접했지만, 2026년 월드컵에선 이강인이 가상화폐로 상금을 받을 수도 있다. 2030년에는 스포츠계에서 가상화폐와 관련해서 지금은 상상도 하지 못한 형태로 발전할 가능성이 무궁무진하다. 테니스나 골프의 상금 역시 몇 년 뒤에는 현금 대신 가상화폐로 지급되는 것이 당연하게 여겨질 수도 있다. 가상화폐 대통령을 자처하는 트럼프 2.0 시대의 등장은 스포츠에서도 가상화폐 혁명을 예고하고 있다.

Mcdonald's

이미지

- 트럼프의 라스트 댄스, 세리머니의 주인공으로

- 프랑스는 '뚜르 드 프랑스', 미국은 '뚜르 드 트럼프'

- 세계를 뒤흔들 만남, 트럼프와 오타니

- 테니스 시대 종료 선언, 대세는 피클볼

Mcdonald's (이미지)

트럼프와 해리스가 대선 기간 펼친 '맥도날드' 대결은 트럼프의 완승으로 마무리되었다. 트럼프가 맥도날드에서 일하는 모습은 해리스의 허위 경력과 대조를 이루면서 막판 표심을 잡는 데 중요한 역할을 했다.

트럼프는 4월 일본의 야구 영웅 오타니를 만날 가능성이 높다. 오타니와의 대면이란 천재일우의 기회에서 트럼프는 어떤 이미지를 만들게 될 것인가?

트럼프의 라스트 댄스, 세리머니의 주인공으로

2024년 11월 펼쳐진 프리미어 12에서 대한민국 야구 대표팀은 이른바 '아파트' 세리머니를 선보였다. 최대 라이벌인 일본과의 경기에서 대타로 출전해 역전 2루타를 터트린 윤동희는 2루를 밟자마자 가수 로제의 '아파트 댄스'를 따라 했다. 대한민국 선수단은 안타를 칠 때마다 모두가 '아파트 댄스'를 통해 기쁨을 나누면서, 동료들과 함께 선수단 분위기를 끌어올렸다. 블랙핑크의 로제가 브루노 마스와 함께 부른 「아파트」는 발매와 동시에 우리나라는 물론 해외 시장을 석권했다. 중독성이 강해 수능을 앞둔 수험생의 금지곡으로 지정해야 한다는 농담이 나올 정도로 성공한 음악이어서 우리나라 선수들이 세리머니로 '아파트 댄스'를 사용한 건 적절한 선택이었다.

이처럼 스포츠 세리머니는 시대상을 반영한다. 그 시대에 가장 인기 있는 동작은 세리머니의 단골 소재가 되곤 했다. 2012년 K-POP 역사상 가장 히트한 노래인 싸이의 「강남 스타일」 안무는 한국 선수뿐 아니라 외국 선수들에게도 스포츠 세리머니의 독보적인 소재가 되었다. 당시 미식축구 선수들이 말춤을 추는 모습은 너무 자주 봐서 식상할 정도였다.

『이상한 변호사 우영우』가 히트했을 때도 우영우 세리머니가 K리그에서 나왔고, 일본 J리그에서 우영우 세리머니를 펼치는 모습이 국내 언론에 소개되기도 했다. 2024년 미국 대통령 선거가 끝나고 트럼프가 대통령으로 당선된 이후에는 이른바 '트럼프 댄스'

가 미국 선수들 사이에서 유행하고 있다.

'트럼프 댄스'의 시작은 원래 춤이라기보다는 어색한 몸짓에 가까웠고, 또 하나의 기행을 이어갔다는 조롱의 대상이었지만, 트럼프의 당선과 함께 트럼프를 상징하는 동작으로 극적인 변화에 성공했다. 미국 대선을 3주 앞둔 2024년 10월 펜실베이니아를 찾은 트럼프는 질의응답 시간에 뜬금없이 댄스를 선보였다. 그것도 무려 40분이나 어색한 몸짓으로 춤을 춘 것이다. 타운홀 미팅 도중 관객 2명이 쓰러지자, 트럼프는 질문 대신 음악을 듣자고 말한 뒤 춤을 추는 돌출 행동을 시작했다. 음악에 맞춰 양팔을 내밀고 어깨를 들썩이며 좌우로 고개를 흔들었다. 이런 동작을 40분이나 계속한 트럼프는 환상적인 무대였다고 자화자찬했지만, 주변 반응은 차가웠다. 경쟁 후보 해리스는 '트럼프가 무대에서 길을 잃고 혼란스러워하며 얼어붙었고, 관중들은 공연장을 빠르게 빠져나갔다.'라고 지적하며 '트럼프가 괜찮길 바란다.'라며 트럼프를 조롱했다.

국내 커뮤니티에서도 트럼프의 건강 이상설이 제기되었는데, 당시 트럼프의 춤 동작은 정신적으로나 육체적으로 문제가 있는 것이 분명해 보였다. 대선을 앞두고 위험 신호로 여겨졌던 트럼프의 춤은 대선 승리 이후 승리의 세리머니로 변하더니, 트럼프를 상징하는 동작으로 인정받게 되었다.

스포츠 경기에서 트럼프 세리머니가 유행하면서 이런 변화가 시작됐고, 소셜 미디어를 통해 밈(meme)으로 확산하며 스포츠계와 젊은 사람들 사이에서 유행의 물결을 타게 되었다. 그 첫걸음은 미국프로풋볼리그(NFL)의 트럼프 지지자에 의해 시작되었다.

샌프란시스코 포티나이어스의 디펜시브 라인맨인 닉 보사는 태클을 성공시킨 뒤 어설픈 자세로 춤 동작을 선보였다. 만일 닉 보사가 아닌 다른 선수가 이 동작을 했다면 별 의미 없는 동작으로 묻힐 수도 있는 평범한 자세였지만, 주인공이 보사이기에 사람들은 이것이 트럼프 댄스라는 걸 금방 알아챘다. 보사는 트럼프에게 적대적인 선수들이 많은 미국프로풋볼리그에서 대표적인 트럼프 지지자로 평가된다. 그는 2024년 10월에 트럼프의 선거 구호이기도 한 '미국을 다시 위대하게(Make America Great Again)'라고 적힌 모자를 써 1만 1255달러의 벌금을 부과받기도 했다. NFL에서 요구하는 정치적 중립을 위반했기 때문이다. 보사는 트럼프 댄스를 선보인 이후, 모두가 나에게 트럼프 댄스를 원했을 것이라며 주위 사람들의 기대에 응했을 뿐이라고 밝혔다.

보사가 뿌린 씨앗은 트럼프의 대표적인 지지 기반인 종합격투기 UFC 무대에서 화려하게 꽃을 피웠다. UFC 309에 출전한 헤비급 챔피언 존 존스가 전 챔피언 스티페 미오치치에 KO승을 거둔 뒤,

트럼프가 보는 앞에서 트럼프 댄스 세리머니를 해서 트럼프를 흐 못하게 만들었다. 스포츠 선수들에게 더욱 인기가 높은 UFC의 파 급력은 대단했다. 존 존스가 트럼프 댄스를 추는 모습은 소셜 미디 어를 통해 급격하게 퍼졌고, 이를 따라 하는 선수들이 급증했다.

미국프로풋볼리그(NFL)에선 여러 선수가 트럼프 댄스를 흉내 내 면서 2024년 11월 NFL에서 가장 유행하는 터치다운 세리머니로 정착되었다. 트럼프 댄스 세리머니는 미국의 스포츠 미식축구만이 아니라, 세계 최고의 인기를 자랑하는 축구로까지 이어졌다. 미국 축구 국가대표로 이탈리아 1부 리그인 세리에A의 AC밀란에서 뛰 고 있는 간판스타 크리스티안 풀리식이 국가대표 A매치에서 트럼 프 댄스 세리머니를 선보인 것이다.

트럼프 댄스를 시작한 보사와 UFC의 존스는 트럼프의 지지자였 지만, 다른 선수들은 모두 특별한 정치적 의도 없이 그냥 재미 삼 아 췄다고 해명했다. 그런데 사실 이 부분이 더욱 의미심장한 것이 다. 트럼프 댄스가 단지 트럼프 지지자들이 하는 것이라면 분명 한 계가 있다. 상업적인 스폰서와 밀접한 관계를 맺고 있는 프로스포 츠에서 정치적인 의사 표시는 대부분 부정적인 영향을 주게 되고, 찬성과 반대가 극명하게 엇갈리는 트럼프에 대한 지지라면 더욱 논란이 될 우려가 크다.

하지만 트럼프를 지지해서가 아니라 그냥 재미 삼아 하는 것이라면 이 세리머니가 확산될 가능성은 더욱 높아진다. 운동 능력이 가장 뛰어난 최고의 선수들이 마치 몸치 같은 동작으로 하는 세리머니는 그 자체가 볼거리이기 때문이다. 브라질에서 나비의 날갯짓이 텍사스의 폭풍으로 이어질 수도 있다는 '나비 효과'는 스포츠 세리머니에서도 똑같이 적용될 수 있다. 어떤 결과로 이어질지 아무도 알 수 없기 때문이다.

제3회 월드베이스볼클래식(WBC)에 출전한 도미니카의 마무리 투수 페르난도 로드니는 WBC 우승이 확정되자 마운드에서 '활시위 세리머니'를 선보였는데, 이것의 '나비 효과'로 한국 땅에서 야구 소년들과의 만남이 성사된 적도 있다.

로드니는 WBC 우승 후 1년 뒤에 미국에서 2014년 리틀 야구 월드시리즈 결승전을 시청하다 우승을 차지한 한국의 리틀 야구 선수들이 '활시위 세리머니'를 흉내 내는 모습을 보고 감격했다. 낯선 나라의 어린이들이 자신의 세리머니를 참고했다는 생각에 로드니가 한국 리틀 야구 연맹에 문의해 자비로 우리나라를 방문해 리틀 야구 선수들과 만나게 된 것이다.

사실 2014년 리틀 야구 월드시리즈 결승전에서 우리 선수들이 했던 '활시위 세리머니'는 2013년 한국시리즈에서 보여준 오승환과 삼성 선수들이 보여준 동작을 통해 배운 것이어서, 로드니와 직접적인 관련은 없다고 할 수 있다. 로드니가 시작했고 오승환의 영향을 받아 리틀 야구 선수들이 선보인 것이기 때문이다. 로드니의 '착각'으로 발생한 일이었지만 한국의 어린 야구 소년들과 '세리머니 인연'으로 뜻깊은 만남을 갖게 된 것이다.

이런 사례에서 나타나듯 '트럼프 댄스'는 한순간에 사라질 수도 있지만 트럼프와 스포츠계가 오랜 악연을 딛고, 서로 화해하게 되는 시작점일 될 가능성도 존재한다.

미국의 주류 미디어 가운데 유일하게 트럼프를 지지해 온 《폭스 TV》는 '트럼프 댄스'가 유행하는 것에 대해 스포츠 스타들의 솔직한 표현은 환상적이고 트럼프와 스포츠계의 재결합이 시작됐다며 긍정적으로 전망했다. 반면 일부 미식축구단은 '트럼프 댄스'를 경기 하이라이트 영상에서 삭제하면서 트럼프와 거리를 두는 모습을 보이기도 했다.

미국 프로농구(NBA) 시카고 불스의 필 잭슨 감독은 마이클 조던의 은퇴를 앞둔 시즌에 선수들에게 'The Last Dance'라고 새겨진 다이어리를 나눠 주며 마지막 시즌에 대한 각오를 나타냈다. 이런 일화는 넷플릭스에서 마이클 조던의 농구 인생을 담은 다큐멘터리 『마이클 조던 -The Last Dance』를 통해 스포츠 팬들에게 친숙한 표현이 되었다.

2022년 카타르 월드컵에서는 메시나 호날두처럼 사실상 월드컵에 마지막으로 출전하는 선수들에게 '라스트 댄스'라는 표현을 사용했다. 이후에는 스포츠만이 아니라 은퇴를 앞두거나, 마지막을 앞둔 상황을 지칭하는 표현으로 '라스트 댄스'가 자주 사용되고 있다. 트럼프 대통령은 2025년부터 마지막 임기를 시작하게 된다. 미국은 대통령 4년 중임제를 채택하고 있어, 트럼프가 한 번 더 대통령을 할 수는 없다. 지난 1기 트럼프 시대에 NBA와 NFL을 비롯해 스포츠계와 좋지 않은 관계를 맺었기에 2025년부터는 달라진 모습을 보일 수 있을지 주목된다. 우연과 함께 시작된 '트럼프 댄스' 열풍은 트럼프가 스포츠계와 화해할 여지가 남아 있다는 점을 보여주고 있다.

트럼프 역시 첫 번째 재임 기간과는 다른 모습으로 바뀔 가능성이 높다. 정치 성향은 더욱 강경해질 수 있지만 스포츠계와의 관계는 이른바 '데탕트의 시대'로 바뀔 수도 있다. 과거 김정은과 전쟁 위기까지 갔던 트럼프가 김정은과 환하게 웃으며 북미 회담을 진행할 것이라고 예상할 수 있었을까? 스테픈 커리나 르브론 제임스 같은 NBA 스타들과 트럼프의 관계는 여전히 소원하지만, 전쟁 일보 직전까지 갔던 과거 트럼프와 김정은의 사이보다는 분명 가

깝다고 할 수 있다. 혹시 아는가? 3점 슛 성공 이후 특유의 '잘자'
세리머니를 선보이는 스테픈 커리가 '트럼프 댄스'를 흉내 내는 날
이 올지도. 물론 불가능한 꿈으로 끝나겠지만, 상대가 트럼프라면
무엇이든 가능하다. 트럼프는 세계에서 가장 이해하기 어려운 사
나이, 그 누구도 예측할 수 없는 사람이기 때문이다.

프랑스는 '뚜르 드 프랑스', 미국은 '뚜르 드 트럼프'

사이클 담당을 맡고 있던 지난 2007년, 당시 사이클 황제이자 세계 최고의 스포츠 스타로, 인간 승리의 표본으로 존경받았던 랜스 암스트롱이 처음으로 방한했다. 암스트롱이 사이클 불모지에 가까운 우리나라를 찾은 것은 처음 열리는 '뚜르 드 코리아'의 홍보 때문이었다.

암스트롱은 지난 1996년 생존 확률 5% 미만이라는 고환암 판정을 받았지만, 암과의 투쟁에서 이기면서 지옥의 레이스라 불리는 '뚜르 드 프랑스'에서 1999년부터 2005년까지 7년 연속 우승이란 대기록을 달성했다. '뚜르 드 프랑스'에서 눈부신 성적을 올리면서, 랜드 암스트롱은 미국 스포츠의 최고 인기 스타가 되었고, 국내 언론에도 암스트롱과 '뚜르 드 프랑스' 소식이 매년 전해지면서, '뚜르 드 프랑스'는 사이클 동호인만이 아니라 국내 스포츠 팬들에게도 익숙한 이름이 되었다.

주최 측이 랜드 암스트롱을 초청한 것에서 나타나듯, '뚜르 드 코리아'는 '뚜르 드 프랑스'를 토대로 만든 이름이다. 같은 대회가

2006년까지는 '전국 도로 일주 사이클 대회'로 불렸지만 '뚜르 드 코리아'로 이름을 바꾼 뒤 언론에도 많이 소개되었고, 대회 명칭 변경은 성공적이었다는 평가를 받았다. 처음 '뚜르 드 코리아'라는 이름을 들었을 때 참신하다고 느꼈지만, 가만히 생각해 보니 조금 어색한 부분이 눈에 들어왔다.

'Tour de France'는 불어 표현인데, 'Tour de KOREA'의 경우엔 'Tour de'는 불어 'KOREA'는 영어로 만들어진 이상한 조합인 셈 이다. 굳이 불어로 'Tour de'를 사용하고 싶다면 'Tour de Coree'로 하는 게 맞는 것 아니냐는 지적이 나오기도 했다. 대회 이름에 대한 궁금증 속에 외국의 사례를 조사해 봤다. 일단 세계 3대 사이 클 투어는 프랑스의 '뚜르 드 프랑스'와 함께 이탈리아의 '지로 디 탈리아'(Giro d'Italia), 스페인의 '부엘타 아 에스파냐'(Vuelta a Espana)로 모두 자국어로 표현하고 있었다. 스위스의 경우는 'Tour de France'처럼 'Tour de Suisse'라는 불어를 이용했지만, 스위스 가 독일어와 불어 등 다국어를 쓰는 나라여서 이해할 수 있는 명칭 이었다.

그러던 가운데 흥미로운 대회 명칭을 발견하게 되었다. 투르 드 코리아 홍보를 위해 방한한 사이클 황제 랜스 암스트롱이 우승한 대회를 쭉 찾아봤더니 색다른 이름이 눈에 띄었다. '투어 듀퐁'

(Tour DuPont)이란 명칭의 프랑스계 미국 기업이 후원하는 미국의 사이클 대회였다. 나라 이름을 앞세운 유럽과는 달리 기업 이름을 내세운 게 특이하게 느껴졌다. 더욱 놀라운 건 '투어 듀퐁' 대회로 바뀌기 전의 대회 명칭이었다. 그 이름은 놀랍게도 '뚜르 드 트럼 프'(Tour de Trump)다. 당시 여의도에 소재한 주상복합 아파트 '트 럼프 월드'를 통해 트럼프가 미국의 부동산 재벌이라는 정도로만 알고 있었고, 향후 미국의 대통령이며 세계를 흔들 정도로 영향력 있는 인물이 되리라고는 생각하지 못했다. 당연히 '뚜르 드 트럼 프' 역시 벼락부자가 만든 정말 희한한 이름을 가진 특이한 대회라 는 정도로 이해하고 넘어갔다.

이 대회는 1987년 '뚜르 드 프랑스'를 취재한 CBS 스포츠 기자 존 테시가 미국의 '뚜르 드 프랑스'를 목표로 대회를 준비하던 중 탄생했다. 그는 대회 운영 자금을 마련하기 위해 후원업체를 물색 하며 고민하던 중이었다. 우여곡절 끝에 애틀랜틱 시티의 카지노 대표들에게 후원을 요청했고, 복싱 경기 등을 개최한 경험이 있는 트럼프가 사업 파트너로 확정되었다.

대회 개최에 합의하고 세부적인 진행 과정을 논의하다 대회 명 칭을 놓고 토론하던 도중 주최 측이 '뚜르 드 트럼프'를 제안하자, 트럼프는 처음에는 말도 안 된다는 반응을 보였다. 이런 이름을 지으면 사람들이 자신을 가만두지 않을 것이라며 두 손을 내저었다. 하지만 트럼프는 20초 만에 마음을 바꿔 대회 명칭을 '뚜르 드 트럼프'로 결정했다. 자신을 드러내는 것을 좋아하는 트럼프에게는 다소 쑥스럽지만 이보다 더 좋을 수 없는 이름이었다.

역사와 전통을 가진 '뚜르 드 프랑스'의 라이벌이 될 것을 선언했지만, 당시 상금은 '뚜르 드 프랑스'의 5분의 1에 해당하는 25만 달러였다. 사이클 종목의 인기가 높지 않았던 미국에서 1986년 미국의 그렉 르몽드가 '뚜르 드 프랑스'에서 미국인 최초로 우승하면서 사이클 열풍이 불기 시작했다. '뚜르 드 프랑스'를 능가하는 대회로 만들겠다는 야심 찬 포부를 밝히며 사이클 대회의 출범을 선언하자, '뚜르 드 트럼프'는 미국 언론의 집중적인 지원을 받았다. 신문에선 '뚜르 드 트럼프'에 대한 기사를 집중적으로 게재했고, NBC 방송국이 거액의 중계권을 내고 전국 중계방송을 결정했으며, 기업들의 후원이 잇따랐다.

대회 이름을 왜 'Tour of America'로 하지 않았냐는 지적이 나오긴 했지만, 트럼프 소유의 리조트와 카지노를 왕복한다는 의미가 있다며 '뚜르 드 프랑스' 같은 대회로 만들고 싶기 때문이고, 두 대회는 이제 라이벌이라는 말을 덧붙였다. 첫 레이스는 1989년 5월 5일부터 14일까지 미국 북동주 전역에서 개최되었으며, 펜실베이니아, 메릴랜드, 버지니아를 거쳐 뉴저지 애틀랜틱 시티에서 끝났다. 미국 사이클 사상 최고 대회로 세계적인 선수들도 대거 출전했지만, 이 대회를 반대하는 사람들이 유난히 많았다. 당시 부동산 재벌로 알려진 트럼프에 대한 반감 때문이었다. '뚜르 드 프랑스'를 비롯해 대부분의 사이클 대회나 마라톤 경기는 해당 지역 주민들의 환영 속에 치러진다. 길가에서 박수를 보내는 것은 물론이고, 결승선에는 많은 사람들이 완주한 선수들에게 축하를 보내는 모습을 쉽게 찾아볼 수 있다.

그런데 '뚜르 드 트럼프'에선 다른 대회에선 보기 힘든 광경이 펼쳐졌다. 트럼프를 비방하는 피켓을 든 군중이 몰려들었다. 이런 모습은 사이클 대회 결승선이 아니라 시위 현장에 가까웠다.

'뚜르 드 프랑스'나 '지로 디탈리아' 같은 대회에서는 소속팀의 유니폼을 입거나, 국기 색깔 모양의 옷을 입은 관중들이 선수들에게 응원을 보내지만, '뚜르 드 트럼프'에선 후원자인 트럼프에 항의하기 위한 무대가 펼쳐졌다. 항의 피켓에는 '죽어라 여피족' '배고프다고? 부자를 먹어라!' '트럼프=적 그리스도' '트럼피즘과 싸워라.'라는 구호가 적혀 있었다.

그들은 부와 탐욕의 상징인 트럼프에 대해 노골적인 반감을 드러내고 있었다. 대회 자체는 성공적이었다. 미국의 다그-오토 라

우리첸이 그해 '뚜르 드 프랑스' 우승자인 미국의 사이클 영웅 그렉 르몽드 등 세계적인 선수들을 제치고 우승하면서, 첫 대회부터 세계 3대 투어에 버금가는 수준의 대회란 평가를 받았다. 대회 운영에서도 합격점을 받았다. 지금처럼 인터넷을 통해 지구촌이 하나의 네크워크로 연결되기 전인 1989년, '뚜르 드 트럼프'는 인공위성을 통해 세계 5대륙과 100여 개 국가에서 TV로 방영되면서 사업적으로도 성공을 거뒀다.

'뚜르 드 트럼프'란 이름의 상품성에 주목하던 1989년 여름 트럼프의 변호인단은 콜로라도주 아스펜에서 열린 '투르 드 럼프'(Tour de Rump)라는 지역 대회가 '투르 드 트럼프'의 상표권을 침해했다며 소송을 제기한다는 서한을 '뚜르 드 럼프' 주최 측에 보냈다. '뚜르 드 럼프'가 '뚜르 드 트럼프'에서 유래했다고 확신했고 '럼프'(Rump)라는 단어가 '엉덩이'를 뜻하기 때문에 '뚜르 드 트럼프' 대회에 부정적인 영향을 준다고 생각했다. 하지만 '뚜르 드 럼프'는 '뚜르 드 트럼프'보다 1년 먼저 레이스를 시작한 대회여서 소송당할 이유가 없었다.

사실 '뚜르 드 럼프'에서 엉덩이는 사이클 안장에 앉은 사람을 기발하게 묘사한 재치 있는 표현이다. 영국의 락 그룹 '퀸'의 「살찐 엉덩이를 가진 아가씨들(Fat bottomed girls)」이라는 노래는 자전거를 탄 여인을 의미한다. 실제 같은 앨범에 있는 「Bicycle Race」와 쌍둥이 같은 음악이며 뮤직비디오는 나체의 여자들이 자전거를 타는 모습이 등장하기도 했다. '뚜르 드 럼프' 측은 우리는 '뚜르 드 트럼프' 같은 세계적인 규모의 대회가 아니고, 단지 작은 지역 행사이니 우리를 그냥 내버려두라는 반응을 보였다.

재밌는 사실은 '뚜르 드 럼프'라는 대회가 지금까지 계속 이어져 오고 있다는 것이다. 반면 야심차게 출발한 '뚜르 드 트럼프'는 2년 만에 사라지고, '투어 듀퐁'으로 이름을 바꿔 대회를 이어가고 있다. '뚜르 드 트럼프'는 1990년 트럼프의 부채가 수십억 달러로 늘어나면서 '듀퐁'에 대회를 넘기고 사이클계에서 물러났다. 그렇지만 '투르 드 트럼프'가 트럼프의 실패라는 기록만 남기고 끝난 것은 아니다.

미국 사이클 연맹(USA Cycling)에서는 새롭고 안정적인 기업 스폰서를 찾았고, 국제적으로도 인정을 받았다. 이 대회는 1996년까지 5년 더 레이스를 계속했다. 미국 사이클 연맹의 회장인 캐리 히긴스는 이 대회가 미국에서 사이클의 인지도를 높이는 데 많이 공헌했다고 평가했으며, 미국 사이클 발전에 공헌한 트럼프가 대통령 선거에서 사이클 관계자들로부터 많은 표를 얻을 것이라고 이야기하기도 했다. 억만장자에서 정치인으로 변신한 트럼프의 성공에서 '뚜르 드 트럼프'는 중요한 분기점이 되었을 수도 있다.

'뚜르 드 트럼프' 대회 결승선에 나온 트럼프 반대자들의 목소리는 2016년 대선 유세 때부터 지금까지 정치판에서 경험한 내용과 아주 닮았다. 어쩌면 트럼프는 자신도 모르는 사이에 먼저 정치판을 경험했는지도 모른다. 트럼프가 두 번째 임기를 마칠 때에도 '뚜르 드 트럼프' 대회처럼 비난 구호가 트럼프 주위를 뒤덮을 가능성이 높다. 물론 이번에는 트럼프 지지자들의 응원 구호도 함께 할 것이다.

스포츠는 인생에 비유된다. 2007년 사이클 영웅이자 인간 승리의 표본이던 랜스 암스트롱은 약물 복용 사실이 적발되면서 한순간에 몰락했다. 대통령 트럼프의 '뚜르 드 트럼프'는 이제 중간 지점을 지나고 있다. 앞으로 어떤 레이스가 펼쳐질지 예측하기 어렵지만, 레이스가 평범하게 끝날 것 같지는 않다. 바로 '뚜르 드 트럼프'이기 때문이다.

세계를 뒤흔들 만남, 트럼프와 오타니

매년 연말이 되면 올해의 10대 뉴스, 올해의 10대 인물 등을 선정하곤 한다. 저마다 선택 기준은 다르지만 2024년의 인물을 뽑을 때 결코 빼놓을 수 없는 2명이 있다면 아마도 미국 대통령 트럼프와 '야구 대통령' 오타니일 것이다. 그리고 2025년은 미국의 대표 트럼프와 일본의 아이콘 오타니가 처음으로 만나게 될 가능성이 높다.

서로 비슷하면서도 정반대인 두 사람의 만남은 그 자체만으로도 분명 엄청난 뉴스가 될 것이다. 트럼프와 오타니에게 2024년은 결코 잊을 수 없는 해로 기억될 것이다. 두 사람 모두 인생에서 처음 맛보는 엄청난 시련을 겪었지만, 이를 극복하고 그토록 원하던 목표를 이뤘다는 공통점을 갖고 있다.

2020년 대선의 실패를 딛고 절치부심한 트럼프는 공화당 후보로 선출되며 무난하게 선거 운동을 시작했지만, 2024년 7월 정치 인생에서 가장 아찔한 순간을 맞게 된다. 펜실베이니아에서 유세를 진행하던 도중 총성이 여러 차례 울렸고, 연설하던 트럼프는 귀를 감싼 채 마이크 스탠드 뒤로 몸을 숨겼다. 경호원들이 트럼프를 보호하면서 현장을 벗어나려는 순간, 트럼프는 피를 흘리면서도 별일 아니라는 듯 주먹을 치켜들면서 건재를 과시했다. 이 장면은 성조기와 함께 사진 기자에게 포착되어 트럼프와 미국을 '상징'하는 명장면으로 남게 되었다.

이 피습 사건은 트럼프와 미국 정치계는 물론, 전 세계에 충격을 안겨주었다. 이후에도 한 차례 더 피습 위기를 겪었지만, 트럼프는 계속해서 승승장구했다. 민주당의 후보가 바이든에서 해리스로 바뀌었고, 미국의 주류 언론은 이번에도 트럼프의 열세를 이야기했지만, 결과는 트럼프의 압승이었다. 선거인단에서는 이겼지만, 득표 수에선 뒤졌던 2016년과는 달리 모든 지표에서 민주당을 압도하며 두 번째 대통령 자리에 올랐다. 두 번의 피습 위기를 딛고 대통령 자리에 복귀한 트럼프의 2024년은 영화나 드라마보다 훨씬 극적이라고 할 수 있다.

오타니 역시 트럼프와 비슷한 역경을 딛고, 야구 역사에 길이 남을 2024년을 보냈다. 2024년 3월, 메이저리그 개막전인 서울 시리즈 기간에 오타니의 통역사인 미즈하라 잇페이가 불법 도박으로 진 거액의 빚을 갚기 위해 오타니의 돈을 횡령한 혐의로 LA 다저스 구단에서 해고되었다. 미즈하라는 오타니가 2018년 메이저리그에 진출했을 때부터 오타니의 통역을 담당했고 오타니가 의지하던 친형 같은 존재여서 더욱 충격적인 뉴스였다.

이 사실이 알려지기 하루 전까지 오타니의 부인과 미즈하라의 부인이 고척돔에서 다정하게 야구 경기를 관람했을 정도로 미즈하라의 부정은 아무도 모르던 소식이었다. 일부에선 어떻게 오타니의 계좌에서 오타니 몰래 도박 자금을 인출할 수 있겠냐면서 오타니가 이번 사건에 관여했다는 의심의 눈길을 보내기도 했다. 미국 연방수사국 FBI의 수사 결과 이 모든 것은 미즈하라의 단독 범행이었으며, 오타니는 아무 혐의도 없는 그저 피해자라는 사실이 밝혀졌다.

사법적인 문제에선 자유로워졌지만, 오타니가 받은 정신적인 충격은 이루 말할 수 없을 것이다. 오타니도 사람인지라 개막 이후 일시적으로 부진하기는 했지만, 곧 정상적인 모습을 되찾았다. 2024 시즌 MLB 내셔널리그 홈런왕을 차지했으며, 메이저리그 사상 최초로 50홈런-50도루라는 대기록을 달성했다. 또한, 지명타자로는 MLB 최초로 MVP를 수상했다. 야구 인생 최대의 위기를 극복하고 역전 만루 홈런을 만들어낸 것이다.

이처럼 폭풍 같은 2024년을 보낸 트럼프와 오타니는 비슷한 체형을 갖고 있다. 트럼프가 192cm, 오타니가 193cm로 신장이 거의 같은 데다 체중 또한 오타니가 장타를 위해 몸을 불리면서 100kg을 넘게 되면서, 110kg인 트럼프와 비슷해졌다.

트럼프는 억만장자이긴 하지만 미국 최초의 비주류 대통령이다. 2016년 대선 출마 전까지 한 번도 공직을 맡은 적이 없다. 트럼프가 대선 출마를 선언했을 때 모두가 어려울 것이라고 했다. 하지만, 트럼프는 2016년 주류 정치인인 힐러리를 물리치고 대통령 자리에 올랐고, 한차례의 실패를 통해 더욱 강해진 뒤, 2024년 대통령 자리에 복귀했다.

오타니는 현대 야구에서 투수와 타자를 겸업하는 '이도류'에 도전해, 불가능을 가능으로 만들었다. 오타니가 처음 '이도류' 도전을 선언했을 때 일본의 야구 원로들은 강하게 반대했다. 투타 겸업은 고교 야구에서나 가능한 것이지, 프로에서는 불가능하다며 일본 프로야구를 얕보지 말라는 말까지 들어야 했다. 여러 비판을 딛고 일본 프로야구 최고 선수에 오른 오타니가 메이저리그에 도전했을 때 '이도류'는 또다시 논란이 되었다. 투수와 타자를 겸업하는 건 일본에서는 가능했을지 몰라도 수준 높은 메이저리그에서는 불가능하다는 견해였다. 실제 2018년 시범 경기에서 타자로 부진한 모습을 보이자, 미국 언론은 오타니의 타격 실력은 고교생 수준이라고 비난했다. 하지만, 오타니는 모든 논란을 실력으로 이겨냈다.

오타니는 과거 미국 야구의 상징인 베이스 루스와 대등한 '야구의 신' 대열에 올라섰다. 베이스 루스는 미국 프로야구를 대표하는 홈런왕이며 나아가 미국을 상징하는 인물이다. 뉴욕 양키스의 열성팬을 자처해 온 트럼프에게는 우상과도 같은 인물이다. 그런 베이스 루스와 어깨를 나란히 한 오타니의 존재를 트럼프가 모를 리 없다.

오타니가 일본에서 갖는 위상은 다른 누구와도 비교할 수 없을 정도이다. 트럼프로서는 일본 총리를 만나는 것보다 오타니와 함께 하는 자리를 마련하는 것을 더 원할 수도 있다. 그런데 마치 운명처럼 두 사람이 2025년에 만나게 될 가능성이 매우 높다. 2025년 1월부터 임기가 시작되는 트럼프는 대통령 자격으로 2024년 월드시리즈 우승팀을 백악관으로 초청할 수 있다.

2024년 월드시리즈 우승팀은 오타니 쇼헤이가 뛰고 있는 LA 다저스다. 월드시리즈 우승팀은 관례상 시즌 첫 워싱턴 원정 경기 기간에 백악관을 방문하는 전통을 갖고 있다. 올 시즌 LA 다저스는 4월 8일부터 10일까지 워싱턴 원정 경기를 갖게 된다. 이 기간에 트럼프와 오타니는 과연 만날 수 있을 것인가?

미국 프로스포츠 우승팀의 백악관 환영 행사는 1기 트럼프의 재임 기간에 제대로 진행되지 못했다. 트럼프의 인종 차별에 대한 항의 차원에서 NFL과 NBA의 유명 선수들은 백악관 만찬을 거부했다. 야구에서도 LA 다저스의 로버츠 감독과 외야수 무키 베츠는 트럼프 대통령과 불편한 관계를 유지해 왔다. 트럼프 대통령은 2018년 월드시리즈에서 이례적으로 LA 다저스 로버츠 감독의 전술 운용을 비판한 바 있다. 트럼프 대통령은 "다저스와 레드삭스의 마지막 이닝을 보고 있는데 다저스 감독은 7이닝 동안 보스턴 공격을 막아낸 투수 리치 힐을 강판시키고, 긴장하고 있는 불펜을 투입했다. 불펜들은 무너졌고 4점의 리드는 사라졌다. 감독들은 항상 그런다. 큰 실수를 한다."라는 내용을 트위터에 올렸다.

2018년 월드시리즈는 LA 다저스와 보스턴 레드삭스의 대결이었는데, 뉴욕 양키스의 팬인 트럼프 대통령은 양키스의 라이벌인 보스턴과 대결하는 LA 다저스를 응원하는 마음으로 로버츠 감독의 전술을 비판한 것이었다. 로버츠 감독은 트럼프 대통령이 자신의 경기 운영을 비판한 것에 대해 "우리 경기를 봐줘서 감사하지만, 그가 얼마나 다저스 경기를 봤는지 모르겠다. 그것은 개인 의견에 불과하다."라며 불쾌한 감정을 드러낸 바 있다.

이런 가운데 캘리포니아 출신인 민주당 대통령 후보 해리스는 2024년 월드시리즈에서 LA 다저스가 우승하자 기쁨을 표현하면서 로버츠 감독에게 축하 전화를 할 정도로 다저스에 친밀감을 나타냈다. 대선이 치러지는 해에 아메리칸리그가 우승하면 공화당이, 내셔널리그에서 우승하면 민주당이 집권하는 징크스가 존재한다. 이런 징크스는 1952년부터 1976년까지 7번 연속 적중했으며 2000년대에 펼쳐진 6번의 대선 가운데, 5번이나 이어질 정도로 높은 적중률을 자랑한다. 해리스가 평소 LA 다저스의 팬이기도 하지만, 이런 징크스를 미리 알고서 LA 다저스의 우승을 축하했을 수도 있을 것이라 생각한다. 그럼에도 불구하고, 백악관 초청 행사에서 LA 다저스가 만나게 될 대통령은 트럼프가 되었다.

트럼프는 캘리포니아 지역에서 인기가 없다. 다른 후보라면 취약 지역에도 유세를 가는 것이 일반적이지만, 트럼프는 대선 기간 동안에 캘리포니아 유세를 한 번도 가지 않았을 정도로, 캘리포니아와 악연을 맺고 있다.

지난 2016년 내셔널리그 챔피언십 시리즈에서 LA 다저스는 시카고 원정 경기에서 오랫동안 사용했던 트럼프 호텔 대신 다른 곳을 숙소로 선택했다. 주요 선수들이 트럼프에게 반발했기 때문이다. 다저스의 간판타자로 활약했던 아드리안 곤잘레스는 미국 샌디에이고 출신이지만, 유년 시절을 멕시코에서 보냈으며 월드베이스볼클래식(WBC)에 멕시코 대표로 출전할 정도로 멕시코에 대한 애정이 깊은 선수이다. 트럼프가 2016년 대통령 선거 과정에서 멕시코 사람을 비하하는 발언을 하고, 멕시코인의 불법 이민을 막기 위해 장벽 건설을 제안했던 발언에 곤잘레스가 반발한 것이라고 할 수 있다. 2018년 보스턴 소속으로 월드시리즈 우승을 차지했던 LA 다저스의 간판타자 무키 베츠는 당시 트럼프가 주최한 백악관 초청 행사에 불참하기도 했다.

미국 우선주의를 추구하는 트럼프의 반이민 정책에 오타니의 사례를 들면서 비판한 사례도 등장했다. 《워싱턴 포스트》는 2024년 2월 "미국 야구에서 누가 실적을 내고 있을까. 바로 이민자들이다."라고 주장하는 시인 겸 작가 야스윈더 볼리나의 기고를 게재했다. 볼리나는 "이민자가 미국의 피를 오염시킨다."라는 트럼프의 발언을 언급한 뒤 메이저리그는 피를 더럽히기는커녕 오타니와 아쿠나 주니어, 김하성 같은 외국 선수들의 유입으로 활기를 되찾았다고 주장했다. 또한 이민자들을 공격하며 국경 장벽을 세우려는 정치인들은 야구 산업이 100억 달러 규모로 성장하고, 오타니가 다저스에만 10년간 10억 달러 이상의 수익을 창출하면서 산업 발전에 공헌한다는 사실을 알아야 한다고 주장했다.

트럼프와 LA 다저스는 이처럼 불편한 관계지만, 오타니라는 상품이 워낙 매력적인 만큼 2025년 4월 월드시리즈 우승팀의 백악관 초청행사는 일부 선수가 불참하더라도 성사될 가능성이 높다.

Mcdonald's (이미지)

2016년 이른바 '염소의 저주'를 깨고 108년 만에 월드시리즈 우승을 차지한 시카고 컵스는 새로운 대통령인 트럼프의 임기가 시작되기 전, 시카고 화이트 삭스와 컵스의 팬인 오바마의 잔여 임기 기간에 백악관을 방문한 적이 있다.

이처럼 정치적인 이해에 따라 엇갈리는 백악관 초청 행사여서 트럼프는 모든 방법을 동원해 LA 다저스를 초청하고, 오타니와의 자리를 마련할 것이다. 트럼프와 오타니의 만남을 통해 자연스럽게 미국과 일본 관계, 미국의 이민자에 관한 이야기가 나오게 될 것이며, 트럼프는 이를 최대한 활용해 자신의 정치적 목적을 달성하는 수단으로 활용할 가능성이 높다.

정치와 스포츠 분야에서 최고 자리에 오른 공통점에도 불구하고 두 사람의 성격은 정반대의 모습으로 나타나고 있다. 트럼프가 성추문과 막말 의혹 등으로 비난에 휩싸이는 것과는 달리, 오타니는 겸손한 자세와 솔선수범해 쓰레기를 줍는 행동 등으로 많은 칭찬을 받는 모범적인 선수이다. 비슷하면서도 전혀 다른 트럼프와 오타니의 만남은 2025년을 장식하는 중요한 사건이 될 것이다. 그런 의미에서 2024년 트럼프의 대통령 당선과 LA 다저스의 월드시리즈 우승은 어쩌면 운명일 수도 있을 것이다.

테니스 시대 종료 선언, 대세는 피클볼

트럼프 2기의 핵심 인물은 바로 전기 자동차의 혁명을 이끌어 온 테슬라의 창업주이자 우주산업의 선두 주자인 스페이스 X를 이끄는 일론 머스크라고 할 수 있다. 일론 머스크는 대선 기간에 실리콘밸리 억만장자들의 돈을 모아 정치자금 모금 단체인 '아메리카 팩'을 만들어 트럼프의 선거 운동을 지원했다.

트럼프 시대의 핵심 인물로 꼽히는 머스크는 '정부 효율부(Department of Government Efficiency, DOGE)'라는 새로운 조직의 수장으로 새로운 미국 건설이란 정치 혁명에 도전하고 있다. '정부 효율부'는 트럼프의 정치 슬로건인 '다시 미국을 위대하게'와 밀접한 관련을 맺고 있다. 머스크가 목표로 내세운 엘리트 관료제의 해체는 기존 정치가 아닌, 전혀 다른 새로운 정치를 추구하는 것이라고 할 수 있다.

머스크는 스포츠에서도 기존 인기 스포츠가 아닌 차세대 스포츠에 푹 빠져 있는데, 그 종목은 바로 '피클볼'이다. 피클볼은 테니스와 배드민턴, 탁구의 장점을 결합해서 만든 종목으로 1965년 조엘 프리차드와 빌 벨이 휴가지에서 지루해하는 아이들을 위해 고안한 스포츠다. 배드민턴 경기장 크기의 코트에서 테니스 그물과 비슷한 네트를 사이에 두고, 탁구채보다 조금 큰 패들과 구멍 뚫린 공을 이용하는 스포츠다. 남녀노소 모두 큰 진입 장벽 없이 언제 어디서든 즐기는 대중적인 스포츠라고 할 수 있다.

여기에서 피클은 피클 보트에서 유래된 말이다. 정원이 3명인 보트를 탈 때 A팀에서 한 명, B팀에서 한 명, C팀에서 한 명을 뽑아 새로운 팀인 D팀을 만들 수 있는데, 이들이 타는 보트를 피클 보트라고 부른다. 이처럼 테니스와 배드민턴, 그리고 탁구까지 세 가지 스포츠의 장점을 뽑아 만든 종목이란 의미에서 '피클볼'이라는 명칭이 사용되었다.

일론 머스크는 피클볼 애호가로 잘 알려져 있으며, 지난 2023년 피클볼의 인기가 테니스를 무너뜨릴 것이라는 파격적인 발언을 한 적이 있다. 이런 말에 반발해 미국의 테니스 스타 앤디 로딕은 '탁구가 재미있는 스포츠인 것은 분명하지만 테니스의 위상이 건재한 것처럼 피클볼 역시 테니스 인기를 위협하지는 못할 것'이라는 반응을 내놓기도 했다.

피클볼의 인지도가 낮은 국내에서는 머스크의 피클볼 예찬론이 뜬금없이 느껴질 수 있겠지만, 미국에서 피클볼은 생활 스포츠로 큰 인기를 누리고 있다. 미국피클볼연맹이 발표한 보고서에 따르면 2022년을 기준으로 약 3,600만 명이 최소한 한 번 이상 피클볼을 경험했다고 밝혔다. 미국 전체 인구의 10% 정도가 피클볼이란 스포츠를 직접 경험했다는 것이다. 더욱 중요한 것은 피클볼을 경험한 사람들 중에 18세부터 34세까지 젊은 층이 차지하는 비중이 높다는 점이다. 이들이 전체 피클볼 인구 가운데 30%를 차지할 만큼 젊은이들 사이에서 큰 인기를 누리고 있다. 이 부분이 바로 피클볼이 다른 뉴 스포츠와 다른 점이다.

우리나라에서도 파크 골프와 게이트볼 등 다양한 뉴 스포츠 종목이 생활 스포츠로 인기를 누리고 있지만, 이런 종목 대부분은 노년층 사이에서 인기가 높다는 특징을 갖고 있다. 신체 활동에 큰 무리가 없고, 언제 어디서든 저렴한 비용으로 스포츠를 즐길 수 있다는 점에서 뉴 스포츠는 대부분 노인 스포츠에 적합한 경우가 많다. 이처럼 접근성이 뛰어난 점은 긍정적인 부분이지만, 뉴 스포츠 자체가 이른바 실버 스포츠라는 인식이 굳어지면서 젊은 사람들이 참여하지 않는 종목으로 굳어지게 된다면 지속적인 발전이 어려울 수밖에 없다.

피클볼은 다른 뉴 스포츠와 달리 간편하게 즐길 수 있으면서도, 젊은 층에 인기가 높다는 특성 때문에 더욱 밝은 미래를 예고하고 있다. 이런 추세는 계속 이어지고 있는데 2020년 기준으로 미국 피클볼 참여자의 평균 연령은 41세였지만, 2021년에는 38세로 젊어졌고, 2022년 이후에도 이런 경향이 이어지고 있다.

생활 스포츠로 인기가 높아지면서 관련 산업도 성장하고 있다. 피클볼 패들의 시장 규모가 1억 5천만 달러에 이르며, 신발과 유니폼 등 관련 시장에 세계 최고의 스포츠용품 회사들이 대거 뛰어들고 있다. 피클볼 경기를 유튜브를 통해 지켜보면 굉장히 재미있다. 배드민턴의 민첩성과 테니스의 파워, 탁구의 정교함을 갖춘 피클볼은 지금 미국에서 가장 뜨거운 생활 스포츠로 떠올랐다.

피클볼의 대중화에 가장 크게 공헌한 사람은 마이크로소프트의 설립자인 빌 게이츠라고 할 수 있다. 빌 게이츠의 아버지가 피클볼을 만든 조엘 프리차드와 빌 벨의 친구여서 빌 게이츠는 피클볼이 거의 알려지지 않았을 때부터 피클볼을 즐겨온 대표적인 피클볼 전도사이다. 피클볼은 빌 게이츠가 50년 동안 즐겨온 스포츠라고 언론이 소개하면서 미국에서 주목받기 시작했다.

게이츠는 피클볼이 인기를 얻기 시작하자, 집에 있는 코트에서 피클볼을 즐기는 영상과 함께 '내가 가장 좋아하는 스포츠가 갑자기 인기를 끌고 있어 놀랍고 기쁘다.'는 내용의 글을 SNS에 올리기도 했다. 빌 게이츠가 시작하고 일론 머스크가 띄우는 스포츠라는 점에서 피클볼은 최첨단 IT의 이미지까지 갖게 되었다. 머스크가 정부 효율부를 책임지게 되면서, 피클볼을 더욱 쉽게 즐길 수 있는 환경이 마련될 가능성이 높으며, 일부에서는 피클볼이 올림픽 종목에 도전할 것이란 전망을 내놓기도 한다.

피클볼은 2028년 LA 올림픽에서 시범 종목으로 지정될 가능성이 여전히 남아 있으며 2032년 호주 브리즈번 올림픽에서 정식 종목 채택을 목표로 하고 있다. 미국에서 피클볼은 새로운 스포츠를 넘어 하나의 문화 현상으로 주목받고 있다. 테니스처럼 재미있지만 배우기가 훨씬 쉬운 데다 빌 게이츠나 일론 머스크부터 연예인들까지 피클볼을 즐기는 것으로 알려지자 피클볼은 셀럽들의 스포츠로 인식되고 있다. 뉴 스포츠 피클볼은 대중적이면서도 귀족적인 느낌을 동시에 갖춘 스포츠이다.

2024년 4월 미국에는 50,000개의 피클볼 코트가 있으며 지난 3년간 참여자는 223.5%나 증가했다. 생활 스포츠로서만이 아니라 프로스포츠로서도 높은 인기를 누리고 있다. 남자부 최고 선수인 벤 존스는 2023년에 250만 달러를 벌었으며, 여자부 챔피언인 안나 월터스는 100만 달러의 수입을 기록했다. 이 금액은 다른 뉴 스포츠와 비교했을 때 파격적인 액수일 뿐 아니라, 이들이 벌어들이는 금액은 관련 시장의 성장과 함께 매년 늘어날 가능성이 높아 피클볼이라는 스포츠에 운동 능력이 뛰어난 인재들이 몰릴 확률이 커지고 있다.

2023년 미국 피클볼 선수권에는 5만 명이 넘게 참가했으며 260만 명이 TV를 보는 등 시청률 역시 계속해서 증가하고 있다. 일론 머스크가 피클볼이 테니스를 무너뜨릴 것이라고 발언한 것과 맞물려 테니스 스타들이 직접 피클볼 대회에 출전하는 사례도 늘어나고 있다. 1980년대 미국의 테니스 우상이며 악동이란 별명으로 잘 알려진 존 맥켄로와 2000년대 전성기를 누린 안드레 애거시가 테니스 코트가 아닌 피클볼 코트에서 시범 경기를 치르기도 했다. 역대 여자 테니스 선수 가운데 가장 높은 인기를 누린 마리아 샤라포바 역시 피클볼 코트에 등장해 피클볼 보급에 앞장서는 모습을 보였다.

이런 미국에서의 인기를 생각하면 올림픽 정식 종목이 될 자격을 갖췄다고 할 수 있지만, 피클볼은 아직 미국을 벗어나 전세계적인 인기를 끌지는 못하고 있는 것으로 보인다.

국제 올림픽 위원회(IOC)에 따르면, 올림픽 정식 종목이 되기 위해서는 4개 대륙에 걸쳐 최소한 75개 국가에서 널리 시행되어야 한다는 기준이 있다. 미국에서의 엄청난 인기에도 불구하고 피클볼이 보급되어 있는 나라는 60개 국가 정도라고 알려져 있다. 올림픽 종목이 되기 위해서는 확장성이 중요한데, 피클볼은 비용 부담이 적은 편이어서, 저개발 국가에서도 큰 문제 없이 즐길 수 있는 장점을 갖고 있다. 무엇보다 피클볼 전도사 일론 머스크의 세계적인 영향력을 생각하면 그 속도는 더욱 빨라질 수 있을 것이다.

《인투피클볼(IntoPickleball)》의 자료에 의하면 중국은 5년 이내에 10,000개의 코트와 1억 명의 선수를 보유할 수 있으며, 캐나다는 2023년 137만 명이 한 달에 한 번 이상 피클볼을 즐기고 있으며 호주에선 3년 안에 피클볼 선수 수가 100만 명으로 늘어날 것으로 전망되었다. 특히 호주가 2032년 브리즈번 올림픽 개최국이라는 점을 고려하면 올림픽 정식 종목 채택 가능성이 더욱 높아진다고 할 수 있다.

최근 올림픽에서는 정식 종목 채택에 있어 개최국의 의사를 우선적으로 반영하고 있다. 야구는 2008년 베이징 올림픽에서 정식 종목으로 채택되어 대한민국이 금메달을 획득했다. 이후 정식 종목에서 제외되었지만, 야구의 인기가 높은 일본에서 개최된 2020년 도쿄 올림픽에서는 부활했고, 2024년 파리 올림픽에서는 다시 제외되었다가 2028년 LA 올림픽에서 다시 정식 종목에 복귀했다. 호주에서 피클볼의 인기 확산은 2032년 브리즈번 올림픽 정식 종목 채택에 분명 희망적인 부분이다.

일론 머스크는 2026년까지 무인 우주선을 화성에 착륙시키겠다
는 포부를 밝혔다. 무인 우주선이 성공적으로 화성에 착륙하면 4
년 내에 화성으로 유인 비행을 하게 될 것이며, 향후 20년 내에는
화성에 자급자족 도시를 건설하는 것을 목표로 비행 속도가 기하
급수적으로 늘어날 것이라고 밝힌 바 있다. 일론 머스크가 처음으
로 화성 탐사 계획을 발표했을 때 전문가들이 부정적인 견해를 나
타냈지만, 민간 우주기업 스페이스 X는 매번 예상을 뛰어넘으며
진화를 거듭하고 있다.

피클볼이 테니스를 무너뜨릴 것이라는 일론 머스크의 주장에 대
한 반응도 처음에는 허황된 말이라고 생각했지만, 지금은 어느 정
도 설득력이 있는 견해라는 쪽으로 기울고 있다. 괴짜 천재인 일론
머스크의 성격을 생각하면 화성으로 가는 우주선에 탑승하는 우주
비행사가 피클볼 장비를 가지고 탑승할지도 모른다. 우주선에서
피클볼을 하는 장면이 실현된다면, 피클볼은 정말로 테니스를 무
너뜨리고 세계 주류 스포츠 대열에 합류하게 될 수도 있다. 일론
머스크와 피클볼은 '불가능을 가능으로 만드는 꿈'을 향해 함께 나
아가고 있다.

05

Partners

협조자

- 스포츠맨 스트롱맨, 트럼프와 푸틴의 브로맨스
- 김정은과 야구 관람 제안, 기대되는 2025년 MLB 개막전
- 오일 머니를 스포츠로, 사우디의 스포츠워싱(Sportswashing)
- 트럼프의 꿈, 다시 미국 스포츠를 위대하게

Partners (협조자)

트럼프와 푸틴이 보여주는 브로맨스의 원동력은 바로 격투기 사랑이며, 이 둘의 사이에는 '60억분의 1 사나이' 효도르가 존재한다. '말이 통하는 사이'임에 분명한 김정은과 트럼프는 이번에도 만나게 될 것인가? 트럼프가 이야기한 것처럼 두 사람은 과연 뉴욕 양키스의 메이저리그 야구를 함께 볼 수 있을 것인가?

스포츠맨 스트롱맨, 트럼프와 푸틴의 브로맨스

'얼음 주먹', '60억분의 1'이란 별명처럼 세계 종합격투기의 최고 선수로 군림한 러시아의 에밀리아넨코 효도르는 2008년 일본 무대를 떠나, 미국 격투기 시장에 첫선을 보였다. 효도르는 UFC 챔피언 출신인 팀 실비아를 상대로 1라운드 35초 만에 KO승을 거두며, 그가 왜 '격투기의 황제'로 불리는 지를 입증했다.

효도르의 특별 경기를 주선한 단체인 '어플릭션 엔터테인먼트'는 2008년 미국의 의류 회사인 '어플릭션'에서 설립했는데, 부동산 재벌 도널드 트럼프가 대주주로 참여하고 있는 회사이다. 효도르의 미국 데뷔 이벤트는 사업적인 측면에서만이 아니라, 트럼프가 평소 효도르의 열렬한 팬이었기에 가능했다. 트럼프는 효도르가 일본에서 뛰던 시절부터 효도르의 경기를 지켜봐 왔으며 그가 명실상부한 세계 최고의 파이터라고 칭찬해 왔다.

트럼프처럼 효도르를 좋아하면서, 트럼프보다 효도르와 훨씬 가까운 정치 지도자가 존재한다. 그는 바로 러시아의 푸틴 대통령이다. 푸틴과 효도르의 관계는 단순히 국가 지도자와 스포츠 영웅의 관계를 뛰어넘는다. 트럼프와 푸틴은 국가 지도자로는 드물게 종합격투기를 좋아하는 가운데 '효도르'라는 인물을 매개로 서로 강한 동질감을 느껴왔다. 구글에 효도르와 트럼프, 효도르와 푸틴을 검색하면, 아주 많은 사진을 볼 수 있다.

푸틴과 효도르는 각종 행사를 통해 수많은 사진을 찍어왔고, 트럼프 역시 효도르를 만날 때마다 격투기 팬이 격투기 황제를 대하는 듯한 모습으로 사진을 남겨왔다. 효도르와 가장 많은 사진을 찍은 정치 지도자라는 점에서 나타나듯 비슷한 성격을 가진 두 사람은 역대 미국과 러시아 지도자로는 드물게 친밀한 관계이며 깊은 우정을 쌓아왔다. 트럼프와 푸틴 모두 스포츠맨이자 스트롱맨이라는 공통점을 갖고 있다.

트럼프는 고등학교 시절 미식축구와 축구, 야구까지 3종목 선수로 활약한 바 있다. 특히 야구는 팀의 주장이었으며, 메이저리그 구단의 입단 테스트까지 받았다는 설이 나올 정도로 뛰어난 실력을 보였다고 한다. 트럼프는 야구 선수는 큰돈을 벌지 못할 가능성이 높아 야구 대신 부동산 업계에 뛰어들었다고 주장해 왔으며, 이후에도 계속해서 스포츠와 인연을 맺어왔다.

여러 차례 미국프로풋볼리그(NFL)의 구단 인수를 추진했으며, NFL에 대항하는 새로운 리그 USFL의 소속팀인 뉴저지 제너럴스를 운영하기도 했다. 타이슨의 복싱 경기를 비롯해 트럼프 소유의 카지노에서는 1980년대 최고의 복싱 매치를 여러 차례 개최해 트럼프 카지노를 복싱 메카로 만들었다. 세계 최고 사이클 대회인 프랑스의 '뚜르 드 프랑스'에 대항하는 미국의 사이클 대회 '뚜르 드 트럼프'를 만들어, 미국 사이클 무대에 새바람을 일으키기도 했다.

유독 미국에서 인기가 높은 프로레슬링 WWE를 집중적으로 후원할 뿐 아니라, 맥마흔 회장과 함께 레슬링 무대에 오르기도 할 정도로 프로레슬링에 깊은 관심을 나타내왔다. 초창기 UFC가 잔인하다는 이유로 여러 주에서 금지되는 상황에서 자신의 리조트에서 UFC를 개최해 성공으로 이끈 주역으로 평가된다.

푸틴은 트럼프처럼 종합격투기를 좋아하는 것에서 한 발짝 더 나아가, 직접 격투 스포츠에 참여하는 격투기인이기도 하다. 11살 때부터 유도를 시작한 푸틴은 22살에 옛 소련 유도대회에서 우승한 경력을 바탕으로 '유도 스포츠 마스터'라는 칭호를 들었으며, 2006년 유럽 유도연맹의 명예회장에 올랐다. 러시아의 최고 지도자가 된 이후에도 유도 교본을 직접 만들었으며, 유도복을 입고 업어치기를 하는 모습을 언론에 공개하기도 했다. 유도만이 아니라 러시아의 전통 무예인 삼보에도 조예가 깊다. 14살부터 삼보를 시작해 유도와 함께 삼보를 수련해 왔으며 삼보 대학 챔피언 타이틀을 따낸 경력도 갖고 있다. 러시아에서만 알려진 스포츠이던 삼보는 푸틴 주도로 세계 무대에 이름을 알리기 시작했고, KBS 스포츠 뉴스에서도 여러 차례 다룰 만큼 글로벌 종목으로 성장했다.

러시아의 격투 황제 에밀리아넨코 효도르가 바로 삼보 선수 출신이다. 푸틴은 가라테 검은 띠 보유자기도 하다. 이처럼 세계 정상 가운데 가장 뛰어난 무예 실력을 갖춘 푸틴과 세계 정상들 중에서 종합격투기를 가장 사랑하는 트럼프는 비슷한 면이 많다. 트럼프가 1946년생으로 80대를 바라보고 있고, 푸틴은 1952년생으로 70대 중반을 훌쩍 넘겼지만, 공식 석상에서 건강한 모습을 자랑하는 것도 닮았다.

푸틴은 다양한 격투기 수련 경력에서 나타나듯 건강한 모습을 의도적으로 노출하면서 강한 지도자의 이미지를 구축하고 있다. 본인의 특기인 격투기는 기본이고, 뛰어난 스키 실력을 과시하기도 했다. 리더의 건강 상태가 마냥 '숨김'의 대상이 되는 건 아니다. 블라디미르 푸틴 러시아 대통령과 도널드 트럼프 미국 대통령과 같은 '스트롱맨'은 자신의 의료 기록 결과나 대외 활동이 담긴 사진들을 공개하며 건강한 지도자라는 이미지를 공고히 하고 있다.

오랜 기간 러시아를 이끌고 온 푸틴 러시아 대통령은 건강에 대한 자부심이 강한 인물이다. 그는 평소 다양한 스포츠 활동을 통해 건강미를 드러내고 있다. 푸틴은 모스크바 크렘린궁 앞에 설치된 아이스링크에서 스틱을 휘두르며 아이스하키 선수로 직접 뛰는 모습을 선보였고, 2014년 소치 동계올림픽을 개최했던 휴양도시 소치에서 스키를 즐기는 장면이 TV 카메라에 잡히기도 했다. 해발 2000m에 설치된 중급자 전용 코스에서 1km의 구간을 자유자재로 내려오면서 뛰어난 스키 실력을 과시했다. 이밖에도 휴가 중에

스킨스쿠버를 즐기거나, 상의를 벗은 모습으로 낚시하는 장면을 통해 '강한 지도자'라는 점을 과시하고 있다.

트럼프는 푸틴과 달리 직접 스포츠를 하는 것보다는 스포츠를 관람하는 모습이나, 스포츠에 대해 자신의 견해를 드러내는 방식으로 스포츠의 건강한 이미지를 활용하기 위해 노력해 왔다. 물론 그의 오랜 취미인 골프를 바쁜 일정 속에서도 빼놓지 않는다. 트럼프는 자신이 소유한 골프 코스에 유명인들을 초대해, 골프를 통한 사교의 무대를 만들어 왔다. 골프를 좋아하는 특성을 살려 대통령 재임 기간에는 해외 정상들과 골프 외교를 펼쳤다.

일본의 아베 총리는 트럼프와의 골프 회동을 통해 서로를 '친구'라고 부를 정도로 가까워졌다. 트럼프 1기 시절에 미국과 일본이 좋은 관계를 유지하는 데 두 정상이 펼친, 이른바 '골프 외교'가 중요한 역할을 담당한 것은 분명하다. 트럼프가 2024년 11월 다시 한번 미국 대통령으로 당선되자, 일본의 이시바 시게루 총리가 고교 시절 부 활동으로 골프를 경험했다는 사실이 알려지면서 화제를 모으기도 했다.

우리나라의 윤석열 대통령 역시 트럼프와 좋은 관계를 맺기 위해 골프 연습을 시작했다는 대통령실의 발표 이후 사실은 트럼프 당선 이전부터 골프를 쳐왔다는 보도가 나오면서 논란이 되기도 했다. 윤석열 대통령의 골프 연습 논란은 2024년 12월 3일 국민을 향한 계엄령 선포로 인해 국민들에게 버림받으면서 아무 의미 없는 행동이 되어버렸다.

여러 사례에서 나타나는 것처럼 트럼프가 골프를 사랑한다는 사실은 널리 알려져 있다. 트럼프는 골프를 통해 운동과 외교를 동시에 수행하는 대표적인 정치인이다.

트럼프는 햄버거나 감자튀김 같은 패스트푸드를 즐겨 먹기는 하지만, 술과 담배를 전혀 하지 않을 정도로 건강에 대해 관심을 기울인다. 비만이긴 하지만 1946년생인 나이를 고려하면 분명 건강한 편이다. 트럼프와 푸틴의 공통점은 스포츠를 사랑하면서 건강에 신경 쓰는 것에만 그치지 않는다. 트럼프의 미국 우선주의는 푸틴의 러시아 민족주의와 비슷하다.

정통 백인을 지지 기반으로 하는 트럼프와 푸틴을 지지하는 러시아 강경주의자들 역시 정치적으로 극우에 가깝다는 공통점을 갖고 있다. 여러 가지 공통점을 공유하는 트럼프와 푸틴은 실제로 매우 친밀하다. 특히 트럼프는 푸틴을 강력한 지도자라며 높이 평가하고 있다. 트럼프 1기 시절에 보여준 마초적인 통치 방식은 푸틴의 방식과 놀랄 만큼 유사하다.

모든 권력이 대통령 1인에게 집중되는 모습도 마치 거울을 보는 것처럼 닮았다. 싫은 소리를 하는 참모가 존재했던 1기와는 달리, 2기 트럼프 내각을 오로지 충성심의 잣대로 평가해 구성하는 모습을 통해 트럼프가 점점 푸틴과 닮아간다고 말할 수도 있을 것이다. 트럼프 2기에는 관료 대신 거대 기술 기업의 경영자와 금융 엘리트들을 전면에 내세우고 있다. 스페이스 X의 일론 머스크를 '정부효율부(DOGE)의' 수장으로, 헤지펀드 키스 퀘어 그룹의 창업자 스콧 베센트가 재무부 장관으로 지명되었다. 프로레슬링 WWE의 설립자인 빈스 맥마흔의 부인이자 WWE의 공동 설립자인 린다 맥마흔은 과거 레슬링 무대에서 딸과 서로 뺨을 때리는 모습을 연출한 적이 있는데, 부적절하다는 논란에도 불구하고 미국 교육을 책임지는 중요한 직책을 맡게 되었다.

이는 내용만 조금 다를 뿐 푸틴을 지지하는 신흥 재벌 집단인 올리가르히와 비슷하다. 스포츠에서부터 시작된 트럼프와 푸틴의 공통점이 통치 방식으로까지 이어지는 것이다. 트럼프가 주최한 시합에서 미국 무대 데뷔전을 치렀던 효도르는 2012년 푸틴이 지켜보는 경기에서 공식 은퇴 시합을 치렀다. 은퇴를 번복한 뒤 다시 한번 미국 무대에 선 2018년에는 FBI의 조사를 받기도 했다. 이른바 트럼프와 러시아의 커넥션에 효도르가 있을 것이라는 추측도 나올 정도이다.

푸틴은 2014년 소치 동계올림픽에 막대한 투자를 했고, 러시아의 종합 1위를 이끌었다. 트럼프는 2028년 LA 하계 올림픽을 직접 치르게 된다. 스포츠가 푸틴이 내세우는 강한 러시아 부활의 상징인 것처럼, 트럼프도 미국을 다시 위대하게 만들기 위해서는 스포츠를 빼놓을 수 없을 것이다. 다시 한번 미국과 러시아를 이끌게 된 트럼프와 푸틴은 이번에도 운명 공동체로서 미국과 러시아의 미래를 열어갈 것이다.

지금 세계 정세는 옥타곤에서 싸우는 선수들의 모습을 떠올리게 한다. 다만, 모든 스포츠가 그렇듯이 격투기에서도 결과가 어떻게 나올지는 알 수 없다. 두 번째를 맞는 트럼프, 그리고 그의 라이벌이자 '친구'인 푸틴이 함께 하는 미래에는 또 어떤 일이 발생하게 될까?

김정은과 야구 관람 제안, 기대되는 2025년 MLB 시즌 개막전

미국의 트럼프 대통령과 북한 김정은 국무위원장이 나란히 앉아 야구를 보는 장면을 떠올릴 수 있을까? 여전히 상상하기 힘든 이런 장면을 실제 트럼프가 제안한 것으로 밝혀져 화제를 모으고 있다. 트럼프 대통령은 공화당의 대통령 후보로 확정된 뒤, 지난 1기 대통령 시절 김정은 국무위원장에게 야구 경기를 보자고 제안하며 북미 간의 긴장 완화를 유도했다고 밝혔다. 트럼프는 2024년 대통령 선거 유세 기간에 유독 김정은과의 친분을 강조한 바 있다.

"나는 북한 김정은과 아주 잘 어울렸다. 김정은도 내가 돌아오길 기다리며 보고 싶어 할 것."

"언론은 내가 김정은과 친하다고 했을 때, 어떻게 그런 사람과 잘 지내냐며 싫어했지만, 핵무기를 많이 가진 사람과 잘 지내는 것은 좋은 일이다."

"김정은은 핵무기를 많이 가지고 있다. 내가 대통령이었을 때 여러분은 결코 위험에 처할 일이 없었다."

"김정은에게 핵 대신 다른 것을 해보는 건 어떠냐고 말했다. 그에게 긴장 풀고 야구 경기나 보러 가자. 내가 야구를 가르쳐 주겠다. 우리는 양키스 경기를 보러 갈 수 있다."

김정은에 대한 여러 이야기 중에서 가장 흥미를 끄는 건 단연 야구 관련 이야기다. 구체적인 대화 시점을 밝히진 않았지만 두 사람은 2018년과 2019년 싱가포르와 하노이, 판문점에서 만난 적이 있어 그 당시의 대화 내용으로 추정된다.

그런데 왜 하필 야구일까? 김정은이 농구를 좋아하는 건 너무나 잘 알려져 있다. 전 NBA 스타인 데니스 로드맨을 평양으로 초청했을 정도로 김정은의 농구 사랑은 유명하다. 하지만 트럼프 대통령은 농구 대신 야구를 선택했다. 그리고 뉴욕 양키스라는 특정 구단 이름을 꼭 집어 이야기했다.

야구는 미국을 상징한다. 야구는 미국에서 '전 국민의 여가(National Pastime)'로 불릴 정도로, 미국을 대표하는 스포츠이다. 여기에 뉴욕 양키스는 메이저리그에서 가장 많은 우승을 차지한 최고 명문 구단으로, 미국 야구를 대표하는 팀이다. '양키스'라는 이름은 세계 프로스포츠에서 오직 '뉴욕 양키스'만이 사용하고 있다.

야구의 인기가 없을 뿐 아니라, 야구라는 스포츠 자체의 존재가 미미한 유럽에서도 뉴욕 양키스의 모자를 쓴 모습을 쉽게 찾아볼 수 있을 정도로, 뉴욕 양키스라는 이름은 단순한 야구단을 넘어 미국을 대표하는 문화로 정착되어 있다.

여기서 한 가지 의문을 제기하는 분들이 계실 것 같다. 그런데 과연 김정은은 야구라는 스포츠를 알 것인가? 북한에서 야구는 인기가 없지만 야구를 모르는 사람도 별로 없다. 2018년 8월 평양에서 열린 국제유소년축구대회를 취재하기 위해, 2008년 이후 10년 만에 평양과 서울을 연결하는 생방송 뉴스를 진행하기 위해 평양을 방문한 적이 있다. 축구 취재로 방북했지만, 북한의 스포츠 환경을 제대로 알고 싶어서 사람들을 만날 때마다 북한 스포츠의 현실에 대해 집중적으로 취재했다.

모든 사람에게 했던 공통 질문은 "혹시 야구라는 스포츠 종목을 아십니까?"였고, 예상대로 야구는 인기있는 스포츠가 아니었다. 하지만, 대동강 지역에서 야구하는 걸 본 적이 있다는 사람을 비롯해 모든 사람이 야구라는 종목에 대해 들어보았다고 대답했으며, 야구를 모른다는 사람은 한 명도 없었다.

숙소였던 양각도 호텔 기념품 가게에서는 북한 우표를 팔고 있었는데, 이곳에서 나는 야구 관련 우표를 확인할 수 있었다. 이해를 돕기 위해 당시 작성했던 북한의 야구 관련 기사를 일부 첨부한다.

평양에 도착한 이후 만난 사람들에게 야구에 대해 질문하니, 대부분 야구를 알고 있었다. 하지만 야구를 직접 해보기도 하느냐고 물었을 때는 대부분 거의 없다고 답했다. 그런데 이쪽 사람들은 야구를 어떻게 아는 것일까? 답은 영화에 있었다.

『광주는 부른다』라는 북한 영화에서 야구 이야기가 주된 소재로 등장하는데, 북측 주민 대부분이 이 영화를 보았다고 한다. 영화 『광주는 부른다』는 일제 강점기 시절 있었던 '광주 학생 항일운동'을 다룬 영화로, 조선과 일본의 학생들이 야구 경기 도중 일본 선수들이 반칙과 억지를 부리고, 심판마저 편파적인 오심을 일삼자 결국 양측이 충돌하는 내용이 들어있다.

평양 양각도 호텔 서점에서 근무하는 김혜영 씨는 스트라이크와 볼을 비롯해 주요 야구 용어를 모두 꿰뚫고 있었다. 김혜영 씨에 따르면 북에서 야구란 '자본주의 스포츠의 상징이기도 하지만, 평양 시민들이 야구라는 종목에 대한 호기심을 갖고 있다.' 말한다.

2024년 11월 당선된 트럼프 대통령은 김정은 북한 국무위원장과의 직접 대화를 추진 중인 것으로 알려져 있어 지난 번처럼 트럼프와 김정은의 만남이 다시 성사될 가능성이 높아지고 있다. 2024년 11월 26일 로이터 통신의 보도에 따르면 트럼프 대통령의 정권 인수팀은 "트럼프와 김정은의 대화를 통해 무력 충돌의 위험성을 낮추기를 희망하며 이미 구축된 두 사람의 관계를 통해 직접 접근하는 방법을 택할 가능성이 크다."라고 밝혔다.

트럼프의 측근으로 알려진 빌 해거티 공화당 상원의원은 로이터 통신에 "지금까지 경험으로 볼 때 트럼프가 직접 관여할 가능성이 더 크다. 일단 대화가 재개되면 관계 개선과 김정은의 변화를 기대할 수 있다."라고 밝혔다. 조건을 제시하고 대화를 하는 것이 아니라 일단 만난 후 협상하는 방식을 택할 가능성이 점쳐지는 대목이다.

북미 대화는 지난 바이든 정부의 출범 이후 전면 중단되었다. 첫 번째 임기 동안 김정은과 27통의 친서를 주고받은 트럼프는 그 편지들을 '러브 레터'라고 표현해 왔다. 전 세계의 시선이 집중됐던 하노이 회담이 아무런 성과 없이 결렬됐지만, 2019년 6월 두 사람은 판문점에서 예정되지 않았던 깜짝 만남을 한 적이 있다.

트럼프가 일본에서 열린 G20 정상회의에 참석했을 때 트위터를 통해 비무장 지대에서 만날 것을 제안했고, 김정은이 수용하면서 두 정상은 판문점에서 다시 만나게 되었다. 하노이 회담이 '노딜'로 끝난 상황에서 아무런 조건 없이 만났다는 건 그만큼 두 사람이 서로에 대해 믿음을 갖고 있다는 것을 의미한다.

김정은 북한 국무위원장은 11월 21일 국방발전-2024 개막식 기념 연설에서 "이미 미국과 함께 협상으로 갈 수 있는 곳까지 다 가보았으며 미국의 대북 침략적, 적대적 정책만 확인했다."라고 말했다. 김정은이 '트럼프 2.0'을 향해 첫 번째 대미 메시지를 발신한 것이다. 김정은의 말 자체는 더 이상의 회담이 필요 없다는 것이다. 하지만, 그동안 북한의 지도자들이 보여준 메시지 전달 방식을 고려하면 이는 사실 대화를 원하는 것으로 해석할 여지가 충분하다.

실제 트럼프와 김정은은 2017년 서로 비방 성명을 발표하면서 일촉즉발의 상황까지 갔지만, 북한이 2018년 평창 동계올림픽에 출전하면서부터 북미 간의 화해 분위기가 조성되기도 했다.

과연 트럼프와 김정은은 뉴욕 양키스 경기를 관람할 수 있을까? 이 말은 과거 트럼프가 2016년 첫 번째 대선 선거 기간 중에 했던 "김정은과 회의 탁자에 앉아 햄버거를 먹으면서 더 나은 핵 협상을 할 것"이라는 말과 비슷한 맥락으로 해석할 수 있다. 트럼프의 공언처럼 3번이나 만나 핵 협상을 했지만, 두 사람이 햄버거를 먹는 극적인 장면은 연출하지 못했다. 당시 두 사람의 회담이 열렸던 싱가포르의 한 호텔에서 '트럼프-김정은 햄버거'를 출시했다고 하는데, 진짜 '햄버거 회담'은 없었다. 하지만 두 정상이 실제로 만나는 데에는 성공해 이른바 햄버거 회담이 허언이 아니었다는 점을 입증했다.

이런 예를 통해 추측하면 "긴장 풀고 야구 경기나 보러 가자. 내가 야구를 가르쳐 주겠다. 우리는 양키스 경기를 보러 갈 수 있다."라는 말 가운데 하나는 현실이 될 수도 있다. 위의 말에서 탈락할 가능성이 가장 높은 건 '양키스 경기'이다. 비행기 타기를 싫어하는 김정은 위원장은 2019년 2월 트럼프를 만나기 위해 비행기 대신 전용 특별열차를 타고 60시간에 걸쳐 북한에서 하노이로 이동한 적이 있다. 2023년 9월 푸틴 러시아 대통령을 만날 때도 기차를 이용했다. 그런 김정은이 뉴욕 양키스의 야구를 보기 위해 비행기를 타고 14시간 이상 날아갈 가능성은 거의 없다.

그런데 뉴욕 양키스의 경기를 고집하는 것이 아니라면, 메이저리그를 볼 수 있는 방법이 있긴 하다. 2025년 메이저리그는 3월 18일 LA 다저스와 시카고 컵스가 개막전을 치르는데 장소는 일본 도쿄돔이다. 북한에서 비행기로 2시간이면 갈 수 있는 거리다. 트럼프 입장에서는 미일 회담과 북미 회담을 동시에 치를 수 있는 장점이 있으며, 여기에 더해 LA 다저스의 오타니를 만날 수도 있다.

메이저리그는 2024년 개막전을 대한민국 서울에서 치렀고, 대만에서도 조만간 개막전이 열릴 가능성이 크다. 트럼프 재임 기간에 트럼프와 김정은이 메이저리그 야구를 보게 된다면 아마도 미국이 아닌 동아시아가 그 무대가 될 가능성이 높다. 만일 그런 일이 성사된다면 1970년대 탁구를 통해 미국과 중국의 수교로 연결된 '핑퐁 외교'처럼 2020년대에는 미국과 북한의 '야구 외교'가 후손들에게 전설처럼 전해질 것이다.

오일 머니를 스포츠로, 사우디의 스포츠워싱(Sportswashing)

영화 『쿨러닝』은 눈이 내리지 않는 나라 자메이카 선수들이 봅슬레이에 도전하는 이야기로, 1988년 캘거리 동계올림픽에 출전한 자메이카 선수단의 실제 이야기를 각색한 작품이다. 자메이카는 1988년 동계올림픽에 출전했지만, 사우디아라비아는 30년 뒤인 2018년에야 처음으로 베이징 동계올림픽 무대를 밟게 됐다.

베이징 올림픽에 스키 대표로 나선 파이크 압디는 혹독한 날씨와 거친 코스로 절반의 참가자가 기권한 가운데, 험난한 코스를 완주하면서 89명 가운데 44위에 올랐다. 사우디판 『쿨러닝』을 연출한 압디의 사례는 사우디의 겨울 스포츠 진출을 상징한다.

사우디는 놀랍게도 2029년 동계아시안게임 개최국이다. 더욱 놀라운 건 향후 주요 스포츠 대회를 사우디가 독식하고 있다는 점이다. 2027년 아시안컵 축구, 2034년 월드컵 축구, 2034년 하계 아시안게임은 모두 사우디아라비아에서 열린다. 세계 최고의 축구 스타인 크리스티아누 호날두는 사우디 축구 리그에서 뛰고 있으며, 사우디가 만든 골프 대회 LIV는 미국과 유럽의 골프 투어와 함께 세계 3대 골프 리그로 올라섰다. 또한, 세계 테니스 상위 선수들은 기존 ATP 대회 대신 사우디가 주최하는 대회에 출전한다. 세계 스포츠에서 가장 뜨거운 나라가 된 사우디아라비아, 그 사우디아라비아 약진의 배후에는 트럼프가 존재한다. 사우디아라비아의 스포츠에 대한 막대한 투자는 트럼프 대통령 재임 기간과 함께 시작되었기 때문이다.

트럼프는 2017년 대통령 취임 이후 첫 방문 국가로 사우디를 선택했다. 미국 대통령이 첫 해외 순방 국가로 어느 나라를 가느냐는 향후 미국의 외교 방향을 전망할 수 있는 중요한 척도로 꼽힌다. 트럼프는 사우디의 빈 살만 왕세자와 친분을 쌓았으며, 2018년 튀르키예의 사우디영사관에서 반체제 언론인 자말 카슈끄지가 살해돼 국제사회의 비판이 거셌을 때도 사우디를 지지했다.

미국의 《워싱턴 포스트》는 트럼프가 대통령 재임 기간에 빈 살만 사우디아라비아 왕세자의 정치적 부상을 도왔고, 사우디는 트럼프에게 거액을 투자하는 등 양측이 밀접한 관계를 유지해 왔다고 보도했다. 트럼프의 사위인 재러드 쿠슈너 전 백악관 선임 보좌관의 사모펀드가 빈 살만 왕세자가 소유하는 국부펀드로부터 20억 달러의 투자를 유치한 사실이 알려진 바 있다. 또한 트럼프가 대통령 취임 1년 뒤부터 트럼프가 소유한 골프장은 사우디 펀드

자금을 받는 LIV 골프 경기를 주최하기 시작했다.

트럼프와 밀월 관계를 유지하던 사우디는 바이든 대통령 취임 이후 미국과 긴장 관계로 돌아섰다. 이런 상황에서 사우디 국부펀드는 미국의 PGA에 대항하는 새로운 세계 남자프로골프를 만들겠다며 LIV 창설을 공식 발표했다. 엄청난 자금을 쏟아부어 필 미켈슨과 더스틴 존슨 같은 세계적인 선수까지 영입했다.

PGA는 LIV의 '머니 게임'에 맞서 LIV 소속 선수들의 PGA 출전을 전면 금지했고, LIV 골프도 PGA에 소송을 걸었다. PGA와 LIV의 대립은 바이든 정부와 사우디 왕실 간 갈등의 대리전이라는 평가를 받기도 했다. 양 진영이 치열하게 대립하던 2023년 6월, 세계 골프계에 충격적인 소식이 전해졌다. 미국 PGA와 사우디아라비아 LIV 골프가 전격 합병을 선언한 것이다.

토니 블링컨 미국 국무장관이 이스라엘과 사우디의 관계 정상화를 추진하겠다며 미국의 중동 리더십 회복을 선언하자, 미국과 사우디의 '골프 전쟁'도 전격적인 변화를 맞게 되었다. 《뉴욕타임스》는 지난해부터 대립했던 PGA와 LIV가 손잡고 통합법인을 설립하기로 했다며, 세계 남자프로골프를 둘러싼 비싼 싸움이 종료되었고, 사우디는 골프의 파괴자에서 골프의 기득권자로 올라서게 되었다고 보도했다.

이번 합의로 LIV 선수들은 미국과 유럽 투어에 아무런 제약 없이 출전할 수 있게 됐다. PGA와 LIV 간 모든 소송도 자동 취하됐다. LIV로 이적하려는 골프 선수들을 강하게 비난했던 제이 모너핸 PGA 커미셔너는 "세계 골프를 위한 역사적인 날"이라며 위선자라 불려도 할 말이 없다고 말했다. 사우디 골프 LIV와 각별한 관계를 맺어 온 트럼프는 PGA와의 합병을 축하한다는 메시지를 트위터에 올리기도 했다. 양측의 합병 선언 이후 실제 합병까지 협상이 교착 상태에 빠지자, 트럼프는 대통령 선거 도중 "15분이면 양측의 합병을 마무리할 수 있다"라며 자신감을 나타냈다. "우크라이나 전쟁을 하루 만에 끝낼 수 있다."라고 주장한 것과 비슷한 느낌인데, 골프계에선 트럼프라면 충분히 양측의 합병을 마무리할 수 있다고 장밋빛 전망을 내놓고 있다.

트럼프는 골프 애호가이면서 사우디아라비아와 친밀한 관계를 유지해 온 거의 유일한 정치인이기 때문에, PGA와 LIV의 합병은 트럼프의 취임 이후 빠른 시간에 마무리될 가능성이 높다. 실제 사우디는 취임 이전부터 트럼프와 관계를 과시하고 있다. 빈 살만 왕세자는 이미 트럼프 당선 이후 트럼프와 통화한 사실을 공개했으며, 사우디아라비아 국부펀드의 책임자인 야시르 알-루마이얀은 트럼프와 공개 석상에 나란히 등장하기도 했다. 알-루마이얀은

2024년 11월 열린 종합격투기 UFC 309에서 트럼프와 나란히 앉아 경기를 관람했다.

1기 트럼프 재임 시절 첫 번째 방문 국가로 사우디를 고른 것처럼, 두 번째 대통령 당선 이후 가진 첫 번째 공개 행사에 사우디의 핵심 인사를 대동하면서, 미국과 사우디의 밀월 관계를 예고했다. 알-루마이얀은 사우디 국부펀드의 수장이자, 세계 최대의 석유 기업인 아람코의 회장이며, 잉글랜드 프리미어리그 축구 뉴캐슬 유나이티드의 회장을 맡고 있는 인물이다.

트럼프와 알-루마이얀의 만남은 트럼프 2기에서도 미국과 사우디의 관계가 더욱 강화될 것임을 보여주는 것으로 해석된다. 사우디는 스포츠를 통해 국가 이미지 개선을 추구하는, 이른바 '스포츠워싱'의 대표 국가로 지목되어 왔다. 1930년대 독일의 히틀러가 베를린 올림픽을 개최한 것처럼, 독재 국가들은 스포츠로 국민의 눈과 귀를 가려왔다. 우리나라에서도 1980년대에 프로야구와 프로축구를 만들며 스포츠 중흥 정책을 펴는 가운데, 독재를 이어간 전두환이 대표적인 사례라고 할 수 있다.

지금은 21세기 스포츠를 독식하고 있는 사우디가 스포츠워싱의 선두 주자로 꼽히고 있다. 실제 알-루마이얀이 소유하고 있는 아람코에 대해 전 세계 여자 축구 선수들이 비판의 목소리를 내기도 했다. 2024년 10월, 24개국의 100명이 넘는 여자 프로축구 선수들이 인판티노 국제축구연맹(FIFA) 회장에게 항의 서한을 보내 아람코와의 FIFA 스폰서 계약을 해지하라고 주장했다. 아람코는 인권 유린과 환경 오염을 유발하는 기업이어서, FIFA에 대한 아람코의 후원은 여자 축구에 대한 모욕이라며 축구에서의 자책골보다 훨씬 나쁜 일이라며 강한 반대 의사를 표명했다. 국제축구연맹은 2024년 4월 아람코와 3년간 후원 계약을 맺었는데, 이것은 단순한 후원이 아니라 사우디의 이미지 개선을 위한 목적이 숨어 있다는 주장이다.

사우디 국부펀드는 2024년 10월, 세계 톱 랭커들을 초청해 벌인 이벤트 경기에 1400만 달러의 상금을 내걸었다. 세계랭킹 1위인 이탈리아의 야닉 시너와 2위인 스페인의 카를로스 알카라스, 최고 스타인 노박 조코비치와 라파엘 나달 등 6명은 우승 상금 600만 달러를 놓고 대결했다. US오픈 테니스 우승 상금인 360만 달러의 두 배 가까운 역대 테니스 대회 사상 최고액의 상금이다. 사우디 국부펀드는 남녀 테니스의 네이밍 스폰서로 연이어 나서고 있다. 테니스에서도 사우디의 영향력은 오일 머니와 함께 점점 확대되고 있다.

축구 스타 크리스티아누 호날두는 사우디의 알 나스르로부터 2

억 달러, 약 2930억 원을 받는다. 사우디는 모하메드 살라나 손흥민 같은 월드 클래스 선수들도 영입 대상에 올려두고 있다. 사우디는 게임 산업 육성을 위해 400억 달러를 투입할 계획도 발표했다. 또한 부산을 제치고 2030년 세계 엑스포 유치도 성공했다. 엑스포는 올림픽이나 월드컵 못지않은 영향력을 가진 국제 행사다.

2027년 동계아시안게임부터 2030년 세계 엑스포, 2034년 월드컵 축구로 이어지는 세계에서 가장 영향력 있는 행사를 모두 사우디가 개최하는 것이다. 이제 마지막 남은 하계 올림픽 개최마저 성공한다면 사우디는 명실상부한 세계 스포츠의 중심으로 떠오르게 될 것이다. 이 모든 시작은 트럼프와 빈 살만 왕세자의 특별한 관계로부터 시작되었다고 해도 과언이 아니다. 트럼프 2기를 맞아 사우디는 미국의 강력한 지원을 받으면서 세계 스포츠계에서 더욱 높은 위상을 유지하게 될 것이다. 전형적인 미국 스포츠인 미식축구 슈퍼볼이나, 메이저리그 특별 경기가 사우디에서 열릴 수도 있을 것이다. 트럼프와 빈 살만은 오일 머니로 무엇이든 할 수 있다는 확신을 가진 인물이다.

사우디아라비아는 반체제 언론인 암살, 여성 인권 유린, 언론 자유 제한 등으로 국제적인 비난을 받는 상황에서 스포츠에 거액을 투자하면서 스포츠워싱을 시도하고 있다는 비난을 받고 있다. 서방 인권 단체들의 지적에 대해 빈 살만 왕세자는 이런 비판에 개의치 않는다면서 사우디 국내 총생산을 끌어올리는 데 필요하다면 기쁜 마음으로 '스포츠워싱'을 지속할 것이라고 말했다.

실제 스포츠워싱이 가속화된 2018년 사우디에서는 사상 처음으로 여성들의 운전이 허용됐다. 여성의 권리가 과거와는 비교할 수 없을 정도로 높아지면서 대사나, 대학 관리자에 이어 여성 우주 비행사까지 탄생했다. 국가 이미지 변화를 추구하게 되면서 자연스럽게 개방 국가로 거듭나게 되는 효과는 스포츠워싱의 긍정적인 부분이다.

일부 긍정적인 사례로 인해 인권 문제 등 더 큰 문제들이 가려질 우려는 분명 존재하지만, 미국을 비롯한 서방 스포츠계에도 여러 가지 문제는 분명 존재한다. 자메이카 선수들의 봅슬레이 도전도 누군가에겐 감동으로, 어떤 이들에겐 무모한 도전으로 보일 수 있다. 그 판단은 각자의 위치에 따라 다를 수밖에 없다. 일단 사우디가 세계 스포츠의 중심으로 올라섰다는 사실만은 현실이며, 트럼프 2.0 시대의 개막과 함께 사우디의 스포츠워싱도 2.0 시대로 올라서게 될 것이다.

트럼프의 꿈, 다시 미국 스포츠를 위대하게

트럼프를 상징하는 구호인 '미국을 다시 위대하게(Make America Great Again)'가 새겨진 모자를 착용하는 스포츠 선수들이 대거 늘어나고 있다. 트럼프가 대선에서 승리한 뒤, 아이스하키의 전설인 웨인 그레츠키를 비롯해 그동안 트럼프를 지지한 스포츠 선수들은 공식 석상에 '미국을 다시 위대하게(Make America Great Again)'가 새겨진 모자를 쓰고 나타나는 게 유행처럼 번지고 있다. 그런데 미국 스포츠는 다시 위대해질 수 있을 것인가? 미국 스포츠는 과거에 비해 압도적인 모습을 잃어버린 지 오래다. 어쩌면 미국 스포츠는 지금이 황금기의 마지막 순간일 수도 있다.

지난 2024년 파리 올림픽은 미국 스포츠의 현주소를 그대로 보여주었다. 파리 올림픽에서 미국은 금메달 40개로 중국과 동률을 이룬 뒤, 은메달 수에서 앞서 종합 1위에 올랐다. 하계올림픽에서 종합 1, 2위의 금메달 숫자가 동률을 이룬 것은 이번 2024년 파리 올림픽이 사상 처음이었다. 올림픽에서 공식적으로 종합 1위를 시상하지는 않지만, IOC 홈페이지를 비롯해 많은 국가의 언론에서

금, 은, 동 숫자로 종합 순위를 소개하며, 미국과 일부 나라에서는 금, 은, 동 구별 없이 메달 합계로 순위를 정하는 방식을 채택하고 있다. 미국 스포츠가 위기라는 내용은 2024년 8월 11일, 시사 주간지 《뉴스위크》에 보도되기도 했다.

《뉴스위크》는 '파리 올림픽 메달 집계에서 중국이 미국을 상대로 역사를 만들었다.'라는 제목으로 장문의 기사를 실었다. 《뉴스위크》와의 인터뷰에 응한 델라웨어 대학의 스포츠 경영학 교수 매튜 로빈슨은 LA 올림픽이 열린 1984년과 비교하면 세계 스포츠에는 엄청난 변화가 있었다면서, 1984년에는 47개국만이 메달을 땄지만 2024년에는 91개국이 메달을 획득했다며 "너무나 많은 나라들이 발전하고 있고, 우리는 간신히 최고 자리를 지키고 있지만, 다른 나라들은 점점 더 좋아지고 있다."라고 설명했다.

실제 이번 파리 올림픽에서 미국은 마지막 금메달 경기인 여자 농구가 시작되기 전까지 금메달 39개를 기록해 중국에 한 개 뒤지고 있었다. 미국 여자 농구는 올림픽 7회 연속 금메달과 60연승을 달리는 명실상부한 최강팀이지만, 홈팀 프랑스에 경기 중반까지 뒤질 정도로 힘겨운 승부를 이어갔다. 미국은 67대 66, 한 점 차이로 이기면서 금메달을 획득했고, 이 금메달 덕분에 종합 1위를 달성하게 되었다.

미국이 종합 1위를 기록하기까지 우리나라의 10대 사격 스타 반효진의 보이지 않는 도움도 있었다. 반효진은 여자 공기소총 10미터에서 강력한 우승 후보였던 중국의 황 위팅을 물리치고 금메달을 차지했다. 반효진과 황위팅은 나란히 총점 251.8점으로 동점을 기록해, 한 발로 승부를 가리는 슛오프에 들어갔고, 반효진이 10.4점을 쏴 황위팅을 0.1점 차이로 제치고 금메달의 주인공이 되었다. 사실 황위팅은 여자 10미터 공기소총에서 가장 강력한 우승 후보였다. 만일 반효진의 예상을 뛰어넘는 놀라운 활약이 없었다면 황위팅이 무난히 금메달을 획득했을 것이고, 중국은 금메달 41개로 미국을 제치고 종합 1위에 오르게 될 가능성이 높았다.

또한 러시아가 IOC로부터 제재를 받으면서 올림픽에 못 나서게 된 것도 미국의 종합 1위에 도움이 되었다. 러시아는 중국의 전략 종목인 다이빙이나 탁구 등에서는 이렇다 할 성적을 내지 못하지만, 미국의 메달 유력 종목인 육상이나 수영에 강한 나라이다. 실제 러시아는 파리 올림픽과 같은 기간에 러시아에서 대회를 치른 뒤, 파리 올림픽 금메달리스트보다 좋은 기록을 낸 선수에게 포상금을 지급하기도 했다. 러시아의 여자 수영 선수 예브게니야 치쿠노바는 2024년 러시아 수영컵 여자 평영 100m 결승에서 1분 05초 26으로 우승했는데, 이 기록은 사흘 뒤 파리 올림픽에서 우승한 남아공 선수 스미스의 기록보다 0.02초 빠른 기록이다. 또한 여자 평영 200미터에서도 2분 18초 98로 우승했는데 이 종목의 파리 올림픽 우승자는 미국의 더글러스로 2분 19초 24의 기록으로 터치 패드를 찍어 치쿠노바보다 0.26초 뒤졌다. 러시아 수영연맹은 올림픽 금메달리스트보다 좋은 기록을 낸 선수에게 200만 루블, 우리 돈 약 3200만원을 주기로 했는데, 치쿠노바는 2종목에서 올림픽 챔피언을 능가하는 기록을 세워 6400만원의 포상금을 받게 되었다. 단거리 수영에서 0.26초는 꽤 큰 차이로 만일 치쿠노바가 파리 올림픽에 출전했다면 기록상 금메달을 획득했을 것이다.

미국이 40개의 금메달로 종합 1위를 달성한 것은 대한민국 반효진의 선전이나, 러시아가 출전하지 못한 반사 이익을 얻었기에 가능했다. 미국과 중국의 격차가 줄어든 건 2024년 파리 올림픽만이 아니다. 4년 전인 2020년 도쿄 올림픽에서는 미국이 금메달 39개, 중국은 금메달 38개를 획득해 한 개 차이로 1, 2위가 갈리기도 했다.

2008년 베이징 올림픽은 중국이 개최국이라는 점을 최대한 활용하긴 했지만, 처음으로 종합 1위에 오르기도 했다. 2024년 파리 올림픽 남자 400미터 혼계영 결승전은 중국에 위협받고 있는 미국의 현주소를 상징적으로 보여준 경기였다. 미국 남자 400미터

혼계영은 중국의 여자 탁구, 대한민국의 여자 양궁 단체전과 함께 올림픽에서 가장 압도적인 종목으로 꼽혀왔다. 이 종목은 1960년 올림픽 이후 2020년 올림픽까지, 출전한 모든 올림픽에서 미국이 우승을 차지했는데, 이번에는 중국에 막혀 금메달을 놓친 것이다. 드림팀의 역사를 가진 미국 남자 농구와 7회 연속 금메달을 획득한 여자 농구 역시 프랑스를 비롯해 유럽세의 강력한 도전에 고전하는 모습을 보였다.

과거 압도적인 모습에서 약체로 전락한 대표적인 미국 스포츠는 복싱이다. 복싱은 1984년 LA 올림픽에서 무려 9개의 금메달을 획득한 종목이다. 미국은 1960년 로마 올림픽 금메달리스트로 프로 복싱의 전설이 된 무하마드 알리, 1976년 몬트리올 올림픽에서 금메달을 딴 뒤 프로로 전향해 1980년대 최고의 슈퍼스타가 된 슈거 레이 레너드 등 수많은 복싱 영웅을 배출해 왔다. 미국은 1988년에도 레이 머서를 비롯해 3명이 금메달을 따 복싱 최강국의 면모를 이어갔으며 우리나라의 박시헌에게 편파 판정 논란 끝에 은메달을 획득한 로이 존스 주니어까지 올림픽은 미국 프로 복싱 스타의 산실이라는 명성을 이어갔다.

하지만 미국은 1992년 유일한 금메달리스트인 오스카 델라 호야를 마지막으로 올림픽 복싱 스타가 사라지고 있다. 2020년 도쿄 올림픽에서는 금메달 획득에 실패한 것은 물론이고, 단 한 개의 메달도 따지 못했다. 2024 파리 올림픽에서도 동메달 한 개에 그쳐 더 이상 복싱 강국의 면모를 찾아볼 수 없게 되었다. 미국은 1896년 이후 18번이나 종합 순위 1위에 올랐지만, 1992년 바르셀로나 대회에서는 구소련에, 2008년 베이징 올림픽에서는 중국에 1위를 내준 상황이다.

올림픽 성적은 국력을 반영한다. 월드컵 같은 단일 대회의 경우는 국력과 별 상관 없이 강한 나라가 존재하지만, 올림픽은 다르다. 파리 올림픽의 성적을 보면 1위부터 10위는 모두 선진국으로 구성되어 있다. 미국을 제외하면 한중일의 아시아 3개국, 프랑스와 독일 등 5개국, 그리고 호주가 10위 안에 드는 성적을 남겼다.

2028년 열리는 LA 올림픽은 미국에서 개최되는 만큼, 도쿄 올림픽이나 파리 올림픽보다 미국이 좋은 성적을 남길 가능성이 높다. 하지만 1984년 LA 올림픽에서 미국은 금메달 83개, 은메달 61개, 동메달 30개라는 압도적인 성적을 달성했다. 당시 2위를 기록한 루마니아가 20개의 금메달을 딴 것을 생각하면 미국이 얼마나 많은 금메달을 획득했는지 알 수 있다. 미국이 금메달 80개를 획득한 1980년대는 바로 트럼프가 생각하는 위대한 미국의 시기라고 할 수 있을 것이다.

'위대한 미국'을 다시 만들려는 트럼프의 구호처럼 '위대한 스포츠 강국 미국'은 2028년 LA에서 이뤄질 수 있을 것인가? 중국은 유일한 미국의 경쟁 상대이다. 하지만 미국은 중국만이 아닌 세계의 도전을 이겨내야 한다. 반효진이 여자 사격 공기소총 100미터에서 금메달을 따면서 중국이 종합 2위로 밀려난 것처럼, 각 종목의 금메달 하나하나가 모여 종합 순위에 어떤 영향을 미칠지 알 수 없다.

중국은 점점 부유해지고 있으며 미국과 세계 패권을 겨룰 정도로 성장하고 있다. 또한 많은 국가가 부유해지면서 올림픽 경쟁은 더욱 치열해지고 있다. 프로복싱의 사례에서 나타나는 것처럼 미국 프로스포츠가 더욱 활성화되면서, 운동 능력이 뛰어난 선수들이 특정 종목에 몰리는 가운데, 일부 종목의 황폐화 현상이 이어질 수 있다.

2028년 미국 LA에서 열리는 올림픽 개회 선언은 현직 대통령 자격으로 트럼프가 담당하게 된다. 올림픽 개회식에서 세계 평화를 이야기하겠지만, 언제나 '미국을 다시 위대하게'를 부르짖는 트럼프는 미국의 올림픽 성적에 민감할 것이다. 올림픽 개막식에 미국 선수단 일부는 2024년 11월 이후 유행하는 '다시 미국을 위대하게'라고 적힌 모자를 쓰고 나올 수도 있겠지만, 모자가 메달을 대신할 수는 없다. 트럼프는 분명 LA 올림픽을 앞두고 '다시 미국 스포츠를 위대하게'라고 외치게 될 것이다.

위대한 스포츠 맨, 위험한 스트롱 맨

도널드 트럼프

The last dance of Donald Trump

초판 1쇄 발행 | 2025년 1월 20일
지은이 | 한성윤
편   집 | 박일구
표지 디자인 | 정정호
내지 디자인 | 김남영
펴낸이 | 강완구
펴낸곳 | 도서출판 써네스트
출판등록 | 2005년 7월 13일 제2017-000293호
주   소 | 서울시 마포구 양화로 56, 1521호
전   화 | 02-332-9384   **팩   스** | 0303-0006-9384
홈페이지 | www.sunest.co.kr
ISBN 979-11-94166-44-3(03340) 값 15,000원